Zu diesem Buch

Bei Pornographie geht es um das Fleisch, um Lust, um Körperlichkeit, um Ekstase.

Bei Pornographie geht es um Unterwerfung, um Gewalt, um Macht und Ohnmacht.

Seit einiger Zeit rüsten Frauen zum Anti-Pornographie-Kampf. Sie sehen ihre Würde verletzt, aber nicht nur das: «Pornographie ist die Theorie, Vergewaltigung die Praxis», lautet ihre Befürchtung, ihr Argument, ihr Kampfruf.

Andere halten dagegen – meistens Männer, aber nicht nur –, nun solle auch noch die sexuelle Phantasie reglementiert und pädagogisiert werden. Wie läßt sich Pornographie definieren? Soll die Justiz entscheiden, was Kunst und was Pornographie ist?

Und: Kann eine Zensur wirklich auslöschen, was sie auf der Erscheinungsebene verhindert?

«Fleisch und Blut» ist eine Sammlung von Streitschriften. Sachlich und subjektiv, parteiisch und differenziert, engagiert und polemisch.

Matthias Frings (Hg.)
Fleisch und Blut
Über Pornographie

rororo

Rowohlt

Originalausgabe
Veröffentlicht im Rowohlt Taschenbuch Verlag GmbH,
Reinbek bei Hamburg, April 1988

Umschlaggestaltung: Thomas Henning
Lektorat: Jürgen Volbeding
Satz Bembo (Linotron 202)
Gesamtherstellung Clausen & Bosse, Leck
Printed in Germany
1080-ISBN 3 499 18231 9

Inhalt

Vorwort

Immer gehörten sie ins Schlafzimmer und meist waren sie diskret verstaut: Pornos.

Nun aber sind sie spruchreif geworden. Sogar in der «Zeit», sogar in Radioprogrammen, sogar in Fernsehstudios zur besten Sendezeit.

Seit einiger Zeit wird in aller Öffentlichkeit über die Wirkung von Pornographie debattiert, spekuliert, polemisiert. Koalitionen tun sich auf, die man noch vor einigen Jahren ungläubig hinweggelacht hätte: eine CDU-Ministerin im trauten Einklang mit Alice Schwarzer. Aus München lobt die CSU die Speerspitze der Frauenbewegung. Und kritische Linke müssen ihre Argumente mit Pornoproduzenten und Zeitgeistfabrikanten teilen.

Die Darstellung von Sexualität, so sie denn frauenverachtend ist, soll verboten werden. Per Zivilklage. Und da sie – da gibt es wohl kaum einen Zweifel – fast immer verachtend ist, würde so gut wie alles pornographische Material verboten werden.

Pornographie, so die Überzeugung ihrer Gegner, hält nicht nur das alte Bild vom überlegenen, allzeit schußbereiten Subjekt Mann und dem stets minderwertigen, willfährigen Objekt Frau aufrecht, Pornographie trägt auch eine ursächliche Mitschuld an der immensen Gewalt gegen Frauen, an Vergewaltigung und sexueller Nötigung.

Einmal angenommen, man findet dies haltlos, übertrieben, lächerlich – rechtfertigt nicht allein die Vermutung eines Zusammenhangs zwischen Pornographie und der alltäglichen Gewalt gegen Frauen ein Nachdenken, ein *wirkliches* Nachdenken, nicht vorgefertigte Polemik?

Schließlich gibt es Analysen, Untersuchungen und Erfahrungen.

Und: Ein Nachdenken nicht nur auf seiten der Frauen ist wünschenswert, sondern auch bei den Pornoproduzenten und -konsumenten, also bei Männern.

Die Gegner der Pornogegner haben es etwas schwer, da sie dadurch nicht automatisch zu Porno*befürwortern* werden. Aber sie bezweifeln die These, daß Pornographie verhaltensändernd wirkt, sie bezweifeln Sinn und Erfolg von Verboten. Auch sie haben Analysen, Untersuchungen und Erfahrungen auf ihrer Seite.

Wer sich einmal auf die Pornodiskussion eingelassen hat, kennt ihre Brisanz, weiß, daß es hier um weit mehr geht als um «bunte Bildchen». Fragen des Menschenrechts sind ebenso angesprochen wie Meinungs- und Pressefreiheit. Es geht um Politik (Wie weit darf der Staat in das Intimleben seiner Bürger eingreifen? Wo muß er es?) ebenso wie um Privates. Beim Pro und Contra zur Pornographie sind wir immer auch ganz persönlich gefordert. Eine wichtige Rolle spielt unsere eigene Einstellung zur Sexualität, zu unserer Sexualität. Welchen Stellenwert hat unsere Lust, wie weit wollen wir sexuellen Wünschen und Träumen folgen, wo greifen wir bewußt als politische und soziale Wesen ein? Wieviel «Natur» spielt hier eine Rolle, wieviel «Gesellschaft»?

Fleisch und Blut ist ein doppeldeutiger Titel. Zum einen meint er die Lust, das Leben, das Erleben. Wir sind nicht aus Thesenpapier, also uneindeutig, widersprüchlich, lebendig. Unsere Körper haben ihre eigene Logik und fordern ihre eigene Lust – denn wir sind aus Fleisch und Blut.

Fleisch und Blut kann aber auch wörtlich genommen werden. Das Fleisch der Pornos ist eben oft *nur* dies, eine entpersönlichte Masse, das Aneinanderreihen von (Schleim-)Häuten. Mensch *haben* nicht mehr Körper, sondern *sind* nur noch Körper, ohne Geschichte, ohne Würde. Und das Blut ist manchmal durchaus real; wir wissen von Filmen, vorzugsweise in Südamerika gedreht, wo ein Leben preiswert ist, in denen Darstellerinnen ganz real und zur Gaudi der Voyeure hingemetzelt werden.

Dieses Buch ist kein Gesinnungsbuch, sondern ein Diskussionsbuch. Es versucht in schönster Breite Meinungen zur Pornographie aufzuspüren, abzubilden. Wichtig waren mir Meinungen von Männern und von Frauen (bitten Sie mal einen Mann über Pornographie zu schreiben!), Meinungen von Männern und Frauen unterschiedlicher Generationen und unterschiedlichem persönlichen, gesellschaftlichen und geographischen Hintergrund. Diskussionsbuch also – Glaubensbücher für Menschen, die sich nur bestätigt finden wollen interesssieren mich nicht.

Das Schreiben über Pornographie ist – ob explizit oder implizit – immer auch ein Nachdenken und Bewerten eigener persönlicher Erfahrungen und Einstellungen. Das macht eine Analyse schwer, manchmal fast unmöglich. Ein Charakteristikum der vorliegenden Texte ist offensichtlich, daß ihnen eine gewisse Distanz zu eigen ist. Das ist einerseits angenehm, denn wer möchte schließlich *noch mehr* von diesen Bekenntnissen, Selbstgeißelungen und Privatheiten hören? Andererseits wird der Leser, die Leserin schon mitdenken müssen, wird ganz besonders auf das achten müssen, was *nicht* gesagt wird, wo der eine und die andere sich mit Eleganz und Verve aus der Diskussion stiehlt, wo das Nicht-Gesagte, oder vielleicht auch Nicht-zu-Sagende elegant umschifft wird. Aber das macht Ihnen ja Spaß, wie ich Sie kenne.

Berlin, im Dezember 1987 — Matthias Frings

Der Gesetzesentwurf...

Der von der Frauenzeitschrift ‹Emma› initiierte Gesetzesentwurf gegen Pornographie im Wortlaut

§ 1 Generalklausel

Wer Frauen oder Mädchen durch Herstellung, Verbreitung oder Öffentlichmachung von Pornographie in ihrem Recht auf Würde und Freiheit, körperliche Unversehrtheit oder Leben verletzt, ist zum Ersatz des daraus entstehenden Schadens und zur Unterlassung verpflichtet.

§ 2 Definition von Pornographie

Pornographie ist die verharmlosende oder verherrlichende, deutlich erniedrigende sexuelle Darstellung von Frauen oder Mädchen in Bildern und/oder Worten, die eines oder mehrere der folgenden Elemente enthält:

1. die als Sexualobjekt dargestellten Frauen/Mädchen genießen Erniedrigung, Verletzung oder Schmerz;
2. die als Sexualobjekte dargestellten Frauen/Mädchen werden vergewaltigt – vaginal, anal oder oral;
3. die als Sexualobjekte dargestellten Frauen/Mädchen werden von Tieren oder Gegenständen penetriert – in Vagina oder After;
4. die als Sexualobjekte dargestellten Frauen/Mädchen sind gefesselt, geschlagen, verletzt, mißhandelt, verstümmelt, zerstückelt oder auf andere Weise Opfer von Zwang und Gewalt.

Die Verbreitung, Sammlung oder Öffentlichmachung von Pornographie im Sinne der Absätze 1 bis 4 ist nur dann zulässig, wenn sie eindeutig wissenschaftlichen oder eindeutig gesellschaftskritischen Zwecken dient. Die Herstellung von Pornographie aber ist auch in diesem Falle unzulässig.

§ 3 Anspruchsberechtigung

1. Jede Frau (jedes Mädchen), die mit einer pornographischen Darstellung konfrontiert ist, ist berechtigt, ihre Rechte nach § 1 im eigenen Namen geltend zu machen. Der Schadensersatz umfaßt den Anspruch auf Ersatz materieller und immaterieller Schäden.

2. Das gleiche Recht haben alle Vereine, Verbände oder Institutionen, die sich als juristische Personen konstitutiert und die Förderung der Gleichberechtigung von Frauen / Mädchen zu ihrem programmatischen oder satzungsgemäßen Ziel erklärt haben.

3. Jede Frau (jedes Mädchen), die als «Darstellerin» bei der Herstellung von Pornographie in ihrem Recht auf Würde, Leben, körperliche Unversehrtheit oder Freiheit verletzt ist, ist berechtigt, gegen die Verantwortlichen Ansprüche im Sinne dieses Gesetzes geltend zu machen.

§ 4 Herstellung von Pornographie

Ebenfalls zur Unterlassung und zu Schadensersatz ist verpflichtet:

1. wer Frauen / Mädchen durch Täuschung, Drohung oder Zwang zu pornographischen Darstellungen bringt;

2. wer die Darstellungen von Frauen/Mädchen nachträglich in einen eindeutig pornographischen Zusammenhang bringt.

§ 5 Zwang zur Wahrnehmung von Pornographie

Wer in der Öffentlichkeit oder privat, am Arbeitsplatz oder in der Schule Frauen oder Mädchen gegen deren Willen, vorsätzlich oder fahrlässig, der Wahrnehmung von Pornographie aussetzt, kann von diesen auf Unterlassung und zu Schadensersatz verklagt werden.

§ 6 Konsum von Pornographie

Wer nachweislich auf Grund des Konsums von Pornographie Frauen / Mädchen in ihrem Recht auf Würde, Leben, körperliche Unversehrtheit oder Freiheit verletzt, ist den direkt Betroffenen zu Schadensersatz verpflichtet.

Sonia Mikich

Von Löchern und Stielen

Ein Abend in Hamburg. Das Internationale Seminar – es ging um politische Beziehungen – ist zu Ende. Und jetzt wollen die Teilnehmer das Hamburger Nachtleben kennenlernen. Anwälte, Professoren, Geschäftsmänner, Journalisten und Politiker der Altersgruppe von 30 bis 45, überwiegend Männer. Die ausländischen Freunde haben da etwas gehört: Reeperbahn, you know, fun and sin, sex and crime. Da wollen sie hin, das sollen ihnen die deutschen Freunde zeigen. Und wir (wenigen) Frauen sollen uns anschließen, es ist doch der letzte Abend, man kann doch nicht immer nur über politische Beziehungen reden.

Wir gehen essen. Wir gehen spazieren. Vorspiel für Bauch und Beine. Wir gehen nach St. Pauli. Da sind Schaukästen, Fotos mit Halbnacktem, auf Federn und auf Glitter garniert. 50 Mark Eintritt. Den ausländischen Freunden ist die St. Pauli-Kultur so viel wert. Den deutschen Freunden kommt es auf die paar Mark nicht an. Die wenigen Frauen kichern: Bei mir heißt das Kichern: Obwohl-ich-große-Zweifel-habe-werde-ich-nicht-als-einzige-ausscheren-und-mich-nicht-als-Spielverderberin-zu-erkennen-geben.

Das Lokal ist vollgestopft mit kleinen Tischen, aber es sind kaum Gäste da. Sie schauen wie betäubt zur kleinen Bühne, oder sie schauen wie betrübt auf ihr Glas Bier, das 15 Mark kostet, das gut aufgeteilt werden muß, denn, nicht wahr, wir lassen uns nicht abzocken, wir nicht.

Auf der Bühne ein Strip. Ohne Schwung vollzogen. Wir Frauen atmen ein wenig auf. Davongekommen. DAS ist ja noch auszuhalten. ANDERES habe ich befürchtet, und ich erlaube mir nicht, genauer darüber nachzudenken. Jetzt trinken wir alle entspannt, vergessen die Bühne. Unsere Männer dröhnen fröhlich.

Auf der Bühne legt sich ein Mädchen hin. Jung, hübsch, blaß. Vom Band läuft «Je t'aime, moi non plus». Ich erinnere mich schwach, daß das Lied einmal auf dem Index stand, daß wir es damals klasse gefunden haben. Heute, in dieser Umgebung, ist es nur sentimental.

Ein junger Mann setzt sich auf den Rand des Bühnenbetts und massiert der Blassen die Brüste. Nein, er reibt und kneift. Einszweidrei linksherum, einzweidrei rechtsherum. An den Knöpfen ziehen. Vom Tonband lautes Stöhnen. Der Mann streift sich und der Blassen die Stoffetzen ab. Das Tonbandstöhnen wird lauter. Es ist schlecht aufgenommen und brummt und kreischt gelegentlich.

Das Paar führt einen Geschlechtsverkehr vor. Er auf ihr. Die simpelste aller Stellungen wirkt, vorgeführt, obszön. Die Blasse wird missioniert, die Blasse wird gepflügt. Sie ist diffuses Fleisch, aus dem Vergnügen produziert wird. Er wirft den Kopf in den Nacken (Ekstase). Sie schwenkt den Kopf hin und her (Leidenschaft). Mein Kopf ist erstarrt. Keiner von uns sagt ein Wort. Vielleicht sagt das Schweigen: Was um alles in der Welt mache ich hier? Vielleicht sagt das Schweigen: Wir sind ganz schön locker und machen so etwas alle Tage mit. Vielleicht sagt das Schweigen: Die ganze Woche habe ich ES nicht gekriegt. Vielleicht sagt das Schweigen: Peinlich, peinlich. Wie komme ich hier weg ohne Gesichtsverlust?

An den anderen Tischen wird ebenfalls tief geschwiegen. Vielleicht sind sie vor ihren Bieren in eine Hypnose gefallen. Vielleicht ist alles déja vu.

Der Sexualakt hat kleine Fehler. Ich kann sehen, daß der Mann sein müdes Glied festhält beim Reinraus. Mit der Hand, die vom Publikum abgewandt ist. Ich kann sehen, daß die Blasse jede Bewegung im Vierertakt verrichtet. Einszweidrei Kopf nach links, einszweidrei Kopf nach rechts. Einszweidrei Becken heben, einszweidrei Becken senken. Die Choreographie ist leicht zu merken. Mit dem unrhythmischen, wilden Tondbandstöhnen hat sie nichts zu tun. Mich rühren die kleinen Tricks, mich beruhigen die Kunstlosigkeit und das Falsche.

Nach kurzer Pause ein zweites Paar. Auf der Bühne ein deutsches Wohnzimmer. Vom Tonband her, im Märchenonkelton, folgende Geschichte: Eddy ist schwul, seine fromme Tante ist gestorben. Sie hat ihm ihr ganzes Geld vermacht unter der Bedingung, daß er heiratet und Kinder zeugt. Eddy macht sich auf die Suche nach einer Frau.

Das Bühnenpaar mimt die Tonbandgeschichte nach, es muß gleichzeitig komisch und geil sein. Eddy ist der Dumme August, und er kreischt vor Entsetzen, wenn ihm die Frau ihren Schoß zeigt. Die Frau ist die Hure mit Goldenem Herzen und hat tolle Tricks auf Lager. Sie macht einen Luftballon an Eddys Glied fest. Das soll zeigen, wie seine Bereitschaft wächst, sich auf eine Frau einzulassen. Wahnsinnig komisch. Vom Tonband ein paar Schwulenwitze. Die Stimmung wird ohne Erbarmen vorgegeben.

Nach vielen vergeblichen Versuchen kriegt die Frau Eddy herum, indem sie ihm ihren Hintern zeigt. Alles paletti, Eddy kann, das Erbe ist gerettet. Das ist ein Hauptspaß.

Mir reicht es, ich verlasse das Lokal. Einige Teilnehmer des Seminars für Internationale Beziehungen kommen nach. Die meisten bleiben.

Weder lachen noch weinen. Sondern verstehen. (Spinoza)
Die Orte, an denen Pornographie verkauft wird, heißen Peep-Show oder Live-Sex-Center oder Sexyland oder Papillon. Sie heißen nie «Laden für ausgeführten Geschlechtsverkehr» oder «Bühne für das Vorführen von Analverkehr» oder «Gaststätte für sichtbares Abspritzen». Das wäre zu krude. Auch heißen sie nie Ort, an dem Frauen benutzt und gedemütigt werden. Das wäre zu wahr, um schön zu sein.

Pornofilme heißen hierzulande «Erwachsenenfilme» und «Videos für Erwachsene», im Englischen «adult films». Was sagt uns das Etikett? Achtung, das ist ein Genre für Erwachsene. Auch für

Kinder gibt es ein Genre. Die Biene Maja oder Donald Duck oder Heidi. Kinder sehen die Biene Maja gern. Erwachsene sehen Pornos gern. Ein Kind, das die Biene Maja doof und langweilig findet, gilt als intelligent oder altklug und wird verstanden.

Eine Frau, die es doof oder abstoßend findet, daß eine andere Frau von Hunden begattet wird oder zu Gulasch zerstückelt wird, gilt als rückständig.

Eine Frau, die Pornographie kategorisch ablehnt, wird belehrt, belächelt oder beschimpft. Ihr Nein ist ein Frauen-Nein. Und darum ein Jein. Und ihr Gegenüber möchte zumindest ein Na ja bei ihr herbeiargumentieren.

Eine Frau, die Pornographie ablehnt, neigt vorsichtshalber zu Bekenntnissen: «Klar doch, ich finde Sex gut. Nein, ich bin eigentlich nicht prüde. Echt, bei mir und meinem Freund geht die Post ab, wenn wir mal loslegen.»

Eine Frau, die Pornographie ablehnt, gefährdet das Grundrecht der freien Meinungsäußerung, leidet unter Hemmungen, nimmt alles viel zu ernst, ist (f)rigide.

Eine Frau, die Pornographie ablehnt, wird zur Dissidentin abgestempelt. Sie weicht ab von der herrschenden Meinung, daß eine Gruppe von Menschen Rohstoff, Ausgangsstoff für das Vergnügen einer anderen sein soll. Stur zweifelt sie daran, daß sich in der sexuellen Ausbeutung von Menschen Menschlichkeit manifestiert («coito, ergo sum»).

Sie ist pervers, denn sie schätzt weder die Penetration ihres Kopfes noch die ihrer Seele, sondern beharrt auf Würde. Diese Dissidentin gilt also als unfrei und ungesund.

Weder weinen noch lachen. Sondern verstehen.

«‹Es war so schmerzhaft. Als würde ein glühendes Eisen in meinen Körper gestoßen werden. Weil er so groß, so hart war.› Sie wollte mit ihm den Rausch der Fesselung erleben. Aber sie zweifelte daran, daß Carlos für so etwas einen Sinn hatte. Immerhin: er legte ihr Handschellen an. (...)

Er fickte sie in den Arsch und verabreichte ihr gleichzeitig eine Tracht Prügel. Dann nahm er die Handschellen ab und legte ihr eine Schlinge um den Hals... Er befahl ihr, ihm den Hintern sauber zu lecken. Das tat sie. Dann fickte er sie weiter. Dann stopfte er ihr den Mund mit einem Ledergürtel. Dann fickte er sie in den Arsch. Als er aufhörte, furzte sie. Er bestrafte sie für ihr schlechtes Benehmen, indem er sie an Brüsten und Ohren blutig biß. Dann schlug er ihr mit seinem Schwanz ins Gesicht. Sie versuchte ‹fick mich, fick mich, FICK MICH!› zu schreien, aber der Knebel hinderte sie daran (...) Sie war sich sicher, daß er ihr in den Mund pissen würde, aber das tat er nicht. Sie war enttäuscht (...) Sie erlebte die totale Unterwerfung: ‹Gefesselt werden, zu Brei geschlagen werden, mit einem Riesenschwanz gefickt, mit einem Riesenschwanz in alle Löcher gefickt zu werden. So etwas passiert nur einmal im Leben, ich hatte großes Glück.›» (Aus: Pornographie – Men possessing Women. Andrea Dworkin)

Pornographie – das ist Apparatesexualität. Fleisch wird funktionalisiert und administriert. Mechanisch bewegbar, per Knopfdruck ein- und auszustellen oder schwächer und stärker. Input und Output. Dann passiert das. Dann passiert das. Dann das. Dann das. Die Kombinationen täuschen Vielfalt vor, wo Einfalt herrscht. Pornographie ist leistungsorientiert, rationalisiert und monoton. Von Unzucht will ich nicht reden, sondern von einer unerbittlichen Zucht. Die Form und die Kombination – das kennzeichnet das pornographische Arrangement.

Pornographie ist zutiefst statisch, weil sie ein sexuelles Utopia verspricht, in der Frauen stets wollen und Männer stets können. Die Fleischeslust als *neverending story*. Pornographie duldet keine Widersprüche oder Nuancen im Erleben. Sie kennt weder Probleme noch Entwicklungen. Sie ist Un-Leben, ein Ablauf ohne Störanfälligkeit, ein geschlossenes System. Unmenschlich und unhistorisch. Wie das christliche Himmelreich, nur gefährlicher.

Pornographie verkürzt den Menschen auf ein simples Zeichensystem: Loch oder Stiel. Das ist einfach, das kapiert jeder. Mann gleich Stiel, Frau gleich Loch. Und was die Stiele mit den Löchern machen, ist eine Heilsbotschaft: Es gibt oben und unten. Es gibt

Täter und Opfer. Es gibt Macht und Machtlosigkeit. Du, STIEL, stehst da wie eine Eins. Du, LOCH, bist eine Leerstelle.

Den Playboy zu lesen, ein Video zu sehen, eine Mittagspause in der Peep-Show – das alles ist der billigste Gesundbrunnen für männliches Bewußtsein. Für zehn Mark, da gibt es ja noch nicht einmal einen anständigen Platz im Fußballstadion.

Ich sitze, an einem Werktagmorgen, im Flugzeug zwischen Köln und Frankfurt. Der Geschäftsmann neben mir kramt in seinem Köfferchen. Da ist ein Männerheft drin. Er blättert. Ich sehe Buchstaben, Linien, ein Frauenschenkel. Blätterblätter. Eine Anzeige für Tondbandkassetten mit einer aufreizenden Frau als Behälter. Blätterblätter. Sein Daumen bleibt an einer Frauenbrust kleben. Ich bekomme schlechte Laune. Warum registriere ich so etwas überhaupt. Was geht es mich an, was irgendein Heini liest? Blätterblätter. Dann fragt er mich höflich, ob er mal in meinem Spiegel blättern darf. Mir fällt keine ironische Anmerkung ein. Statt dessen werde ich rot.

Ach du Schande, Gefühligkeit.

«Pornographie ist eine Darstellung – live, simuliert, verbal, bildlich, gefilmt, auf Videoband oder in jeder beliebigen anderen Form – sexuellen Verhaltens, in der ein oder mehrere Teilnehmer offen oder implizit zur Teilnahme gezwungen werden; oder physisch oder psychisch verletzt oder mißbraucht werden; oder der ein Ungleichgewicht der Kräfte offensichtlich ist oder vermittels des jugendlichen Alters oder im Kontext der Darstellung impliziert wird und in der ein solches Verhalten als empfohlen oder gebilligt verstanden werden kann.» (Jillian Ridington in einem Diskussionspapier zur juristischen Erfassung des Begriffes Pornographie.)

Zu allen Zeiten und in allen Kulturen hat es Darstellungen von sexuellen Handlungen gegeben. Zu allen Zeiten und in allen Kulturen hat es ein Ungleichgewicht der Macht zwischen Männern und

Frauen gegeben. Im Vergleich zu heutigen Produkten wirken alte pornographische Bilder oder Schriften geradezu rührend. Sie scheinen etwas von einem Mangel an Gelegenheit und einem Mangel an Wissen zu erzählen. Davon kann heute nicht mehr die Rede sein. Noch nie zuvor war Sexualität, war Pornographie so leicht zugänglich wie heute. Videos, Magazine und Bücher – haben, haben, haben. Frauen – habenhabenhaben. Weil die dargestellte Sexualität eine inflationäre Ware ist, sinkt ihr Kitzel gegen Null. Es ist nichts Besonderes mehr, andere Menschen beim Es-treiben zuzusehen. Die Ansprüche ändern sich also. (Nur GV in Großaufnahmen? Nur das olle Reinraus im Makrobereich aufgenommen? Das kann doch nicht alles gewesen sein, sagt der verwöhnte Konsument.)

Gewalt ist in die Pornographie eingezogen. Nicht nur angedeutet oder als Sado-Maso-Rollenspiel inszeniert. In der heutigen Pornographie predigen die Produkte, daß Gewalt die Lust steigert: Weil ich geil bin, quäle ich dich. Und du sollst mir dafür danken. Weil du nichts bist und ich alles, forme ich dich nach meinen Obsessionen. Und du sollst das wahr finden. Weil ich ein ganzer Kerl bin, zerstückele ich dich. Und du sollst das einsehen.
Weder weinen noch lachen. Sondern verstehen.

Nächtlicher Dschungel. Hier und da liegen blutige Fleischfetzen. Die Kamera führt in eine Lichtung, wo Kannibalen ihr nächstes Opfer umbringen. Eine junge, schöne, halbnackte Frau. An Händen und Füßen gebunden, auf dem Rücken liegend. Die Kamera zoomt ganz dicht heran. Das Opfer hat die Beine angewinkelt, gespreizt. Es schreit und wimmert vor Angst. Die Ähnlichkeit mit einer Vergewaltigungsszene ist nicht zu übersehen. Einer der Männer schneidet ihr eine Brust ab. Die Kamera rückt hautnah. (Lebendig gefressen, Bavaria-Film, made in Italy.)

Mit Gewaltpornos eng verwandt sind Horrorvideos. Beide Genres sagen: Wer das Fleisch beherrscht, wer ihm seinen Stempel aufdrückt, hat die wahre Macht über den Menschen. Beide Genres teilen die Akteure in Obermenschen und Untermenschen auf. Beide Genres bleuen ein: Gewalttätigkeit ist naturgegeben, die Stärkeren sollen und dürfen sich durchsetzen, die Schwächeren müssen sich auf alles gefaßt machen. Im Reich der Sinne herrscht der Sexualdarwinismus. Bei den Gewaltpornos kommt noch das Moment totaler Selbstauslöschung hinzu, die Opfer willigen freudig in ihre Entwürdigung ein.

Gewaltpornographie – das ist der Einzug des Faschismus in der Sexualität.

Ein Foto:
Eine dunkelhaarige Frau liegt auf dem Rücken. Die Beine ausgebreitet. Sie trägt hochhackige Schuhe, Strümpfe, Strapse. In ihrer Vagina steckt eine Sektflasche. Ihre Arme sind auf den Rücken gefesselt. Ihre Augen sind gläsern. Ihre Augen lassen nichts herausdringen. Ihre Augen sehen nichts mehr. Ihre Augen sind tot. In ihrer Vagina steckt eine Sektflasche. Die Kamera ist die Fortsetzung der Sektflasche. Sie schiebt sie noch etwas tiefer hinein. Die Kamera arbeitet mit geringer Schärfentiefe. Die Vagina und die Flasche sind gestochen scharf. Alles andere ist Beiwerk.

Bei Folterungen werden weiblichen Gefangenen Flaschen oder andere Gegenstände in die Vagina geschoben. Manchmal zerbrechen die Flaschen. Manchmal zerbrechen die Frauen. Die Anwendung von Flaschen oder anderen Gegenständen zur Folterung einer Person ist ein Verstoß gegen die Menschenrechte. Die Anwendung von Flaschen oder anderen Gegenständen zum Herstellen und Verkaufen einer sexuellen Vision ist freie Meinungsäußerung.

Ein Foto:
Ein etwa neunjähriges Mädchen befriedigt einen Mann. Oral. Es faßt das Glied des Mannes mit zwei Fingern an. Es scheint mit dem Gesicht wegrücken zu wollen. Aber da ist eine Hand, die gegen den

Hinterkopf drückt. Vielleicht will die Hand aber das goldene Kinderhaar, das zu Zöpfen frisiert ist, nur streicheln. Vielleicht will die Hand nur Gutes. Vielleicht ist die unglückliche Stellung des Mannes, der auf dem Rücken liegt, die Beine in der Luft, das Gehänge vor dem Gesicht des Mädchens, daran schuld, daß der Mann nicht sehen kann, daß das Mädchen Tränen in den Augen hat. Vielleicht haben Kinder ja Fellatio gern.

Ein Foto:
Eine nackte Frau liegt breitbeinig im Stroh. Sie führt sich das Glied eines Ebers ein.

Ausbeutung, Entwürdigung. Verstöße gegen elementare Rechte von lebenden Wesen. Vielleicht ist Porno ein Fall für den Tierschutz.

«Es gehört zum Mechanismus der Herrschaft, die Erkenntnis des Leidens, das sie produziert, zu verbieten, und ein gerader Weg führt vom Evangelium der Lebensfreude zur Errichtung von Menschenschlachthäusern so weit hinten in Polen, daß jeder der eigenen Volksgenossen sich einreden kann, er höre die Schmerzensschreie nicht. Das ist das Schema der ungestörten Genußfähigkeit.» (Theodor W. Adorno)

Angesichts von Not, Erniedrigung und Verbrechen wird mir nicht erlaubt, mit dem Opfer zu leiden. Bei Strafe der Lächerlichkeit. Bei Strafe des Außenseiterdaseins. Harmlosigkeit und Normalität – so maskiert sich der Sexismus mit Erfolg. Und die Nutznießer der Pornographie finden in ihr die herrschende Ordnung bestätigt.

Niemand zwingt mich, ein Pornovideo anzusehen. Niemand bringt den Playboy ins Haus. Niemand schlägt mir vor, es mit einem Eber zu treiben. Das alles ist weit weg.

Eigentlich war ich sehr verliebt in Christian. Er las die gleichen Bücher und hörte die gleiche Musik wie ich. Er war witzig, er sah gut aus. Wir waren in derselben politischen Gruppe. Wir hatten Lust aufeinander und zogen die Vorfreude in die Länge. Eines Tages wartete ich auf ihn in seiner Wohngemeinschaft, ein Überraschungsbesuch meinerseits. In seinem Zimmer türmten sich Flugblätter, Aktenordner, Plattenhüllen. Anheimelndes linkes Chaos. Neben dem Bett, ungefähr 15 Zentimeter hoch, ein Stapel «Hustler». Ein offenes Exemplar auf dem Bett.

Was hätte ich tun können, meine Schwestern? Damals glaubte ich an die sexuelle Revolution und an die guten Absichten der Brüder. Was hätte ich tun können, meine Schwestern? Damals kannte ich das Wort Sexismus noch nicht. Ich schwieg also. Und obwohl Christian freundlich war, obwohl er nie irgendeine Art von SO ETWAS verlangte, konnte ich es nicht mit ihm. Nicht in der ersten Nacht, nicht in der zweiten. Nie. Vielleicht wäre es ihm ja doch irgendwann eingefallen, von mir SO ETWAS zu verlangen. Aus lauter Liebe.

Pornographie ist das Produkt einer Industrie mit Millionenumsätzen.

Der Pornokonsument vergißt, daß er sich eine Ware gekauft hat. Hinter dieser Ware stehen: Frauen und Männer in bestimmten Positionen. Fotografen oder Kammeramänner oder Autoren, die diese Frauen und Männer arrangieren. Verleger, die diese Arrangements zu einem Ding mit einem Preis machen. Rechtsanwälte, die bei Bedarf dieses Ding rechtfertigen. Intellektuelle, die dieses Ding in Essays und Talkshows rechtfertigen, weil die Rechtfertigung nicht Sache eines Gerichts sein sollte. Und die Frauen, die Korrespondenzen, Rezensionen und Preislisten abtippen und zu allem schweigen.

Das alles vergißt der Konsument. Für ihn haben Kauf und Konsum den Flair der Subversivität. Der Pornographie wird magische Qualität angedichtet: sie ist freie Selbstentfaltung, Anarchie und

Unangepaßtheit. Die sich eben, so wunderbar ist der Mensch, in Dildos, aufblasbaren Gummifrauen und Kinderpornos verwirklichen.

Die Pornographie, so erzählen mir die Brüder, ist immer wieder von «denen da» verboten worden. Und mit «denen da» wollen wir nicht gemeinsam richten. Wir nicht. Mögen Polizisten, Priester oder Juristen über Erträgliches und Unerträgliches befinden – wir kollaborieren niemals. Lieber sind wir Komplicen einer Industrie, deren Macher uns nicht gefallen, deren Produkte uns nicht gefallen, deren Konsumenten uns nicht gefallen. Wir schotten uns ab mit einem Wall von Konjunktiven: Wir könnten ja Beifall aus der falschen Ecke... man könnte uns ja Zensur vorwerfen... wir müßten im Guten überzeugen und nicht mit Gesetzen kommen... du solltest eigentlich wissen, daß du den Rechten die Drecksarbeit abnimmst.

Gegen unsere eigenen Interessen und im Widerspruch zu unserer rundumdieuhr humanistischen Haltung verbieten wir lieber die Pornokritik als die Pornographie selbst.

Wenn ihr so große Befürchtungen vor falschen Freunden hegt, meine Brüder, wer hindert euch denn daran, den Rechten die Debatte um die Pornographie abzunehmen? Warum überlaßt ihr «denen da» die Definitionsmacht? Warum ist die sogenannte kritische Intelligenz so mundfaul? Warum belaßt ihr es bei ein paar Bitten um mehr Anständigkeit im Umgang mit den Frauen? Warum wartet ihr auf den Tag, an dem die wahre Sexualität (wirklich! echt! authentisch!) allen Verblendeten die Augen öffnen wird? Glaubt ihr, daß die Aufklärung wie ein Reißwolf die Pornos fressen wird?

Ihr haltet wunderliche Widersprüche aus, meine Brüder. Ihr seid gegen Apartheid und findet die kleine Schwarze/Braune/Rassige im Porno scharf. Ihr wollt beides: die korrekte politische Haltung und die Hurerei. Aufrecht kämpfen und aufgerichtet vögeln. Ihr analysiert die Ausbeutung der III. Welt und vergeßt den Import von Thai-Mädchen oder Sexygirls von den Phillippinen. Das ist Verrat an der Menschlichkeit. Auch wenn ihr nie ein Por-

noheft lest oder ein Pornovideo ausleiht: So lange ihr unentschlossen schweigt, seid ihr Komplicen der Pornographen.
Weder weinen noch lachen. Sondern verstehen.

«**Ein Sonntagmorgen.** Unser Bett riecht gut nach Erotik und Frühstück. Ich wälze mich träge hin und her, reibe die Oberschenkel gegeneinander, strecke und krümme die Zehen und derlei Kinkerlitzchen mehr. Ich lächle so cremig wie eine Katze, die in die Sahne gefallen ist.

Mein Schmeckleckerchen tobt mittlerweile durch die Zimmer, räumt auf und ist ganz frischwärts. Gesundheit! Bewegung! Natur! Er will ins Sauerland fahren.

Nun ja, ein Naherholungsgebiet.

Ich aber bin rollig.

Ach, das Bett riecht doch wirklich gut genug, wozu die frische Luft? (...) Ob ich ihn dazu kriege, Köstliches mit mir auf der grünen Wiese zu treiben? Er packt das Federballspiel ein. Hilfe! Das einzige Hin und Her, das guttut, ist eine hübsche Vögelei. Andere Spiele sind mir völlig schnuppe.» (Sandgeflüster, hg. von Gudula Lorez)

Zur Erholung lese ich ein paar Geschichten von Frauen. Ich lese von «Mösen» und «Ergüssen», «Orgien» und «Analsex», «Unterwerfung» und «Eroberung». Es sind oft die gleichen Wörter, die gleichen Tabuverletzungen, die gleiche Offenheit wie in den Männerpornos. Und doch ist es völlig anders. Die Begriffe machen mich weder erröten noch würgen. Hinter den Inszenierungen stehen nicht reale Gewalt, reale Hierarchie, reale Machtverteilung. Die Geschichten sind keine Hetzpropaganda – etwa gegen Männer. Die Autorinnen fantasieren in einem Nirgendland, dort scheint man durchatmen zu können.

Männerpornos sind absolut humorlos. Hat es je die Pornoszene gegeben, in der richtig gelacht wurde? Kichern, ja, kreischen, ja, auf die Schenkel schlagen und wiehern, ja. Aber niemals ein Lachen, das zum Lachen mitreißt.

Manche Geschichten von Frauen machen mich so cremig lächeln, wie die Katze, die in die Sahne gefallen ist. Immerhin.

Es gibt keine feministische Pornographie. Ein solcher Begriff wäre das Ergebnis von Denk-Matsch. Es gibt, bestenfalls, anregende Darstellungen von Sexualität, bei denen niemand zum Ding gemacht wird. Wenn Gewalt und Erniedrigung nicht mehr Strukturmerkmal einer Abbildung von Sexualität sind, können wir uns vom Begriff der Pornographie verabschieden. Wir haben es dann mit Erotik zu tun. Erotische Geschichten von Frauen versuchen, mehr oder weniger gekonnt, den Sexismus ihrer männlichen Vorbilder hinwegzureformieren. Das Ergebnis kann gut, unbeholfen, kitschig oder dumm sein. Es wird nur selten bösartig und menschenverachtend ausfallen. Nicht weil Frauen die besseren Menschen wären oder ein mystisches Talent zum besonders menschlichen Umgang mit Sex hätten. Sondern weil sie erzogen wurden, Respekt vor anderen Menschen und deren Wünsche zu haben.

Im Videoladen leihe ich zwei Cassetten aus. «Year of the Dragon» mit Mickey Rourke und «Foxy Lady Nr. 3» mit Teresa Orlowski. Gegen anständiges Zeilengeld kann ich eine Rezension von «Year of the Dragon» liefern. Die Rezension von «Foxy Lady» ist Teil dieses Artikels und darum im Buchpreis einbegriffen. Sie lautet: «Zwei Drittel Schleckschlabberbums. Ein Drittel Styling. Prädikat: besonders blöd.» Das wird «Foxy Lady» nicht daran hindern, der meistverkaufte Pornotitel meines Videoladens zu sein. (Was wiederum zeigt, wie weit die Filmkritik vom wirklichen Konsumverhalten entfernt ist, aber das ist eigentlich nicht das Thema.)

Die Geschichte: Ein Mann hat Schulden in einem Sex-Club gemacht. Nun droht die Besitzerin mit Enthüllungen, wenn er nicht sofort zahlt. Seine Schwester schlägt vor, die Wohnung der verreisten Eltern an die Porno-Produktionsfirma Teresa Orlowski zu vermieten. Schon bald trifft das Team ein. Alle Beteiligten haben alle Varianten von Sex miteinander, einschließlich Inzest. Bruder und Schwester kommen sich näher. Später gesellt sich die Chefin des Sex-Clubs hinzu. Sie will ihr Geld eintreiben. Es erfolgt eine weitere Orgie. Alle genießen die Situation und freuen sich auf die Wiederholung.

Das Dekor: Schauplatz ist ein riesiges Wohnzimmer, edel-spärlich möbliert. Cremfarbener Teppichboden, Regale und Lampen aus coolem Glas und Stahl. Die Akteure fahren in Autos der Luxusklasse. Alle Dinge bezeugen Geld und Geschmack.

Die Männer: Sie tragen sportlich-lässige Anzüge im italienischen Stil. Modische Swatch-Uhren oder teure Golduhren schmücken die Handgelenke. Man ist nur leicht gebräunt, die Goldkette fehlt ebenso wie das weit geöffnete Hemd, aus dem Gekräusel hervorquillt. Die Frisuren der Männer sind post-wave, gegen den Strich geföhnt. Die Bodies sind gut gebuildet. Bei den Gesichtern ging das wohl nicht. Einer hat Pickel auf dem Hintern.

Die Frauen: Sie tragen enge, modische Kleider und feinste Unterwäsche aus Seide und Satin. Nein, nicht in rot/schwarz, sondern apricot. Das perfekte Make-up verschmiert auch in der größten Hitze nicht. Die Frauen sind gut gebaut, einige sind hinreißend schön. Ihre Frisuren signalisieren eine Mischung aus Laszivität und Luxus. Die Geschlechtsteile sind bei einigen penibel rasiert. Die Ware hat keinerlei Lack- oder Stoßschäden.

Die Filmqualität: erstklassige Ausleuchtung, ruhige Schwenks, viele Standbilder, ausgezeichnete Bildkomposition (vor allem bei den Großaufnahmen), sauberer Schnitt, dezente Hintergrundmusik. Als einziges wirkt die Nachsynchronisation laienhaft.

Das Marketing: Nach Filmende rollt ein ausführlicher Nachspann ab, der die Verantwortlichen für Darstellung, Technik, Design, Skript, Make-up usw. nennt. Der Clou des Produkts ist zweifellos die Tatsache, daß Firmenleiterin Teresa Orlowski gleichzeitig Hauptdarstellerin im Streifen ist. «Foxy Lady's» Gütesiegel: hier bumst die Chefin persönlich. Nach dem Abspann eine kleine Vorschau. Orlowski präsentiert weitere Produkte ihres Hauses. Die Auszüge werden flott und offensiv moderiert. Das Zielpublikum ist leicht auszumachen: «vorurteilslose», heterosexuelle, konsumorientierte Paare zwischen 25 und 45 Jahren.

Die Höhepunkte von «Foxy Lady Nr. 3»: Erstens, die Ejakulation eines Akteurs. Vor der Kamera entleert er sich in sieben machtvollen Wellen. Aufgenommen mit Weichzeichner und slow motion, von triumphaler Klaviermusik untermalt. Zweitens, der Inzest zwischen Bruder und Schwester. («Danke, Teresa, jetzt haben wir keine Hemmungen mehr.») Drittens, die Enthüllung der geldgierigen Sex-Club-Chefin als Zwitter.

Designer-Pornos – der neue Trend. Wohlkalkuliert suggerieren sie eine Gediegenheit, die man im Genre nicht vermutet. Fickt luxuriös! Fickt glamourös! Fickt seriös! Das ist die message der postwave-Pornographie. Vergewaltigungen tarnen sich hier als softer Druck, als Überwältigtwerden vom eigenen Trieb. Und wenn die sorgfältig gepflegte Vagina wieder als Entsorgungsstelle dienen muß, so wird ihr im Designer-Porno – die Zeiten sind hart, aber modern – immerhin eine Champagner-Flasche hineingeschoben. (Ist das product placement? Zahlt Moët et Chandon dafür?)

Designer-Pornos stylen die Schlüpfrigkeit und Armseligkeit des Genres einfach weg. Hier rollen nicht kriminelle Schmuddelstories im Hinterhof ab. Zur Ausstattung gehört nicht Canesten gegen Pilze, sondern Davidoff oder Jil Sander für verführerischen Duft. Hier können sich die Models von Campari, John Player und MM-Sekt nach Feierabend einfinden, sie lassen sich mühelos einblenden. Eigentlich wunderte es kaum, wenn es die «folies» der Foxy Lady nur in limitierter Edition zu Subskriptionspreisen gäbe. Zu zahlen mit der goldenen Amex.

Weil sie teuer und chic wirken wollen, verzichten Designer-Pornos auf die Propagierung plumper Gewalt. Sie belassen es beim Zitieren des ganz gewöhnlichen und unsichtbaren Sexismus. Und sie betonen nachdrücklich das Einverständnis aller Beteiligten, gerade der coolen Girls. Vielleicht sind sie die Antwort der Porno-Industrie auf die steigenden Zahlen von allein lebenden, wirtschaftlich unabhängigen Karrierefrauen. Auch Emanzen müssen mal entspannen ...

Die Crux dieser deutlichen, aber nicht harten Pornos ist ihre exklusive Banalität, nicht ihre Verwerflichkeit. Nach dem Anschauen war ich nicht sonderlich empört oder angeekelt. Sondern einfach nur genervt. Vom ewigen Gehopse schöner Frauen um dumpfe Männer herum. Von der quasi-religiösen Verehrung der Ejakulation. Von der Ergebenheit der Frauen, weil sie es wieder kriegen, egal wie. So sehen uns also die Konsumenten des soften Schweinkrams? So wollen sie uns haben? Das verstehen sie unter Qualität? Sex als Statussymbol. Aber was ist daran sexy?

Kindermund tut Wahrheit kund:

«Wenn das Liebemachen ist, warum schreien die dann so?»

«Jungens rubbeln. Mädchen nehmen Kerzen oder Flaschen, oder?»

«Wenn Frauen es mit Hunden machen, was kommen da für Babies raus?»

«Die Frauen essen doch immer Samen. Ist das gesund? Die essen das doch immer.»

Fragen von elf- bis zwölfjährigen Jungen im Sexualkunde-Unterricht. Die Mädchen schweigen dazu. Die Lehrerin flucht innerlich über Videorecorder und dergleichen.

Pornographie ist Anstiftung zur Frauenverachtung, Gefühllosigkeit und wirklicher Gewalt. Die Feministin Andrea Dworkin sagt:

> Der Konsument geht als Glaubensbruder zur Pornographie hin, und als Missionar wieder fort.

Matthias Frings

Alles im Griff

Offener Brief an die Fernseh-macher! Gute Nacht!

Wenn Sie bis jetzt noch nicht eingeschlafen sind, Ihre Zuschauer sind's schon lange. Deshalb hat VCL/Virgin ca. 400 ganz „heiße" Videos in die Video-Theken gebracht. Da schläft keiner ein!
Der sensationelle Action-Thriller „INTERCEPTOR" ist natürlich auch dabei.
Ihre Ex-Zuschauer sind bereits in den Video-Theken.

Er ist brutal und grausam; Packard (Nick Cassavetes) zwingt dem Mädchen seinen Willen auf.

Schauen Sie doch auch mal rein.

VCL – Video Contra Langeweile

VCL/VIRGIN COMMUNICATIONS GMBH, MARTIN-KOLLAR-STR. 1, 8000 MÜNCHEN 82

Kann es da überhaupt Zweifel geben? Pornos sind sexistisch.

Die Mehrzahl aller pornographischen Produkte feiert den Mann und benutzt die Frau. Wer das bestreitet, verdient entweder sein Geld im Pornobusiness oder ist ein Mann.

Männer sehen Sexismus nicht, sie praktizieren ihn. In Pornos kommt er ebenso unschuldig und bewußtlos daher wie im Alltag. Er ist gewohnt und gewöhnlich, präsent in unendlich vielen Routineverrichtungen; ein schräges Lächeln, ein harter Griff.

Von «Hühnern» redet man im Pornogeschäft und meint Frauen. Kein Wunder, daß die Filme dann «Geile Stuten» oder «Scharfe Wildgänse» heißen. In fast allen Pornos ist die Darstellung von Frauen kaum zu ertragen. Das reicht von widerwärtig bis lieblos, von bösartig bis langweilig. Bei traditionellen Pornos der billigeren Machart gilt dies von Anfang an, bei den modernen Designer-Pornos spätestens ab dem Moment, wo's um die Wurst geht.

«Hühner» – genau das trifft die Einstellung. Laut Regieanweisung flattern diese Frauengestalten herum, spreizen sich. Und gakkern. Die affektierten Posen – das Lippenlecken, das Präsentieren des Busens, die «lasziven» Blicke... gehören zum Repertoire wie die Pfeife zu Sherlock Holmes. Kein Mann weit und breit, der dummgeil seinen Hintern am Treppengeländer schubbert, keiner, der debil seine Zunge aus dem offenen Mund baumeln läßt, keiner, der seine *Titten* stöhnend befingert. *Er* ist schließlich beschäftigt, muß ran und rauf und rein. Bei *ihm* wäre das offenkundig lächerlich und sähe bescheuert aus. Er ist ein Mann.

Sie ist eine Frau. Und Frauen müssen immer in höchsten Höhen quietschen, hecheln, jammern: *oooohhhh, ist das gut, aaahhh, schieb ihn mir rein...* Er macht es ihr und sie findet das zum Piepsen. Sie ist ein wimmerndes Ding, dauergeil und zu doof für einen einzigen zusammenhängenden Satz.

Pornos werden jetzt modern. Da sieht man zum Beispiel diese Frau in der Wüste. Sie ist beim Militär und macht Pause neben ihrem Jeep. Militärhemd auf, Brust raus. Ein (feindlicher?) Soldat taucht auf. Sie überwältigt ihn, und bei der Leibesvisitation visitiert sie besonders seine «Ausrüstung». Sie befiehlt. Er hat ihr zu Willen zu sein. Doch es kommt unweigerlich der Punkt, wo sie schwach wird vor seiner Wunderwaffe. wo auch sie – wieder mal – nur noch das stöhnende Bündel ist.

Fast immer geht es so. Er ist Mann. Sie Loch.

In amerikanischen und deutschen Texten der Anti-Porno-Frauen werden vorzugsweise Szenen und Bilder zitiert, die eher die Ausnahme bilden. Es geht um brutalste körperliche Gewalt: vergewaltigen, fesseln, knebeln, zerschneiden, zerstückeln. Es gibt diese Pornos, aber sie sind in der Minderzahl. Es gibt sie ebenso wie Pornos von gefolterten Männern, in denen Frauen Männer anscheißen oder Frauen Männer zwischen ihren Brüsten ersticken. Braucht es wirklich diese Polemik, wenn es darum geht, sich eine Meinung über die Wirkung von Pornos zu bilden?

Meine Gefühle zur Anti-Porno-Kampagne sind bestimmt von Enttäuschung und Zorn. Wir Männer in der Schwulenbewegung (oder vielleicht besser: einige Männer) haben ungemein profitiert von der zahlenmäßig sehr viel stärkeren Frauenbewegung. Nicht als große Mama haben wir sie betrachtet, aber vielleicht als ältere Schwester. Und wir haben gelernt. Wir haben ihre Analysen geschätzt, die weder Geschichte noch die kleinsten Gesten in Alltag, weder Sprachverhalten noch die Systeme der Machterhaltung ausließen. Vor allem aber haben wir ein politisches Denken bewundert, das ebenso selbstbewußt wie radikal *eigene* Fragen formulierte und sich nicht von vornherein defensiv einem harmonisierenden Erklärungszwang unterwarf. Das soll nun vorbei sein? Der Zorn entzündet sich an den ungewohnten Fronten, denn es ist so viel schwieriger, gegen geschätzte Menschen zu argumentieren, als kühl das zurückzuweisen, was allemal aus der falschen Ecke kommt.

Ich bin enttäuscht darüber, daß Frauen im Blickfeld von Anti-Porno nur als Opfer vorkommen, nur als Negation. Das ist mehr als eine Frage der Perspektive, das ist eine neue (alte!) politische Linie. Ich bin enttäuscht darüber, daß schon im Vorfeld jeder Mann (und jede Frau), der sich gegen ein Pornoverbot ausspricht, zum Feind erklärt wird. Wie ängstlich, wie wenig souverän. In meinem ganzen Leben habe ich keinen heterosexuellen Porno gekauft und ich werde nie einen kaufen. Aber ich trete für das Recht eines jeden ein, das zu lesen und anzuschauen, was er will.

Derweil pfeifen es die Spatzen von den Kölner Dächern: Es gehe doch gar nicht so sehr um den Gesetzesvorschlag, sondern eher um die öffentliche Diskussion. Aber es ist doch gerade der Punkt des *Verbots,* der die Gedanken und Gemüter so erregt, es sind die vordergründigen, polemischen und kurzgedachten Argumente, die in ihrer Leichtfertigkeit so sehr enttäuschen.

Mich verblüfft vor allem, wie wenig Frauen Pornos wirklich kennen. Ihr Wissen ist häufig second-hand, beruht auf Texten schreibender Frauen, die extremste Pornoprodukte als typische Beispiele für «die Pornographie» benennen. Dabei wäre dies gar nicht nötig, denn der «Durchschnittsporno» bietet mehr als genügend Material für eine Hitparade des Sexismus.

Eines ist wohl unstrittig: Es kann nicht darum gehen, die Beschreibung und Darstellung von sexuellen Inhalten per se zu verhindern. Wer dies versucht, ist nicht nur naiv, sondern reaktionär. Sexualität ist ein gewichtiger Teil unserer Existenz, und sie wird immer Einlaß finden in Geschriebenes, Gefilmtes, Gemaltes, Fotografiertes. Auch Sex pur, auch Sex ohne Verantwortung, auch Sex ohne moralische Wertung. Nur wer Sexualität an sich als schlecht empfindet, wird ihre Repräsentation verhindern wollen. Das interessiert mich nicht, und ich hoffe, dies interessiert auch nicht die Frauen, die sich gegen die real existierende Pornographie wenden.

Es geht darum, das betonierte Verhältnis Mann–Frau, Oben–Unten, Macht–Abhängigkeit aufzulösen. Endpunkt dieser Auflösung wäre der Porno «Sklavin der Lust», der *nicht* mehr sexistisch ist, weil weder die Abhängigkeit in der Gesellschaft noch die im Porno statisch ist zugunsten des Mannes und zum Nachteil der Frau, weil eben auch die Männer doof und wimmernd und blödgeil wären, weil eben auch die Frauen die Kerls rannehmen, weil eben auch die Frauen die Männer *ficken.* Fragt sich nur, wie man dies bewerkstelligt.

Es wird mit Ideologien gefochten, es prallen Glaubenssätze aufeinander und vermeintliche Gewißheiten. Eine merkwürdige Parallele: Wie bei AIDS wird auch in der Pornodebatte der Anlaß der Auseinandersetzung fast aus den Augen verloren, und wie bei AIDS hat das äußerst verbissene, emotionsgeladene Wüten seinen Grund darin, daß hier u. a. die Einstellung zum Sexuellen verhandelt wird, ein Feld, das sich hervorragend eignet als Terrain für moralische und politische Grundsätzlichkeiten.

Wenn es wirklich um den Sexismus im Porno geht, kann die Frage nur lauten: Wie ist der zu beseitigen? Und zwar: erfolgversprechend. Ein pragmatisches Vorgehen – und das heißt in diesem Fall ein menschliches und männliche Schwächen miteinbeziehendes – wäre vonnöten. Verbote sind hilflos und defensiv.

Niemand wird Pornographie verbieten können. Man kann sie in den Untergrund drängen, sie schwerer kontrollierbar machen und die Arbeitsbedingungen der Frauen noch weiter verschlechtern. Da Pornos auf gesellschaftliche Gegebenheiten reagieren, würden sie selbst im Fall ihrer absoluten Verhinderung in den Köpfen weiterexistieren. Als Film, als Glanzblatt sind sie noch kritisierbar, in den Köpfen aber toben sie sich aus ohne Widerpart.

Wir wissen, daß das Verbot dem Trieb Nahrung gibt. Wie sehr würde ein Porno aufgewertet, könnte man ihn nicht mehr beiläufig mitnehmen und konsumieren, sondern müßte den Griff unter den Ladentisch tun! Die Pornowelle der 70er und 80er ist immer noch Reflex auf die Zeiten vor der Lockerung der Paragraphen. Bei den Jugendlichen aber zeigt sich, daß der Reiz der pornographischen Wellen nachgelassen hat. Der Porno-Produzent und -Regisseur Wolf Rademacher jedenfalls macht sich Sorgen: «Die Leute, die heute achtzehn sind, sollten ja unsere neuen Zuschauer werden, ich glaube aber, wir werden es sehr schwer haben, dort ein Zusatzpotential zu gewinnen. Vielleicht ist es so, daß die jungen Leute, obwohl sie die Situation gar nicht nützen, so viel Liberalität haben, daß keine Geheimnisse und keine Wünsche mehr übrigbleiben. Die Generation, die unsere Filme besucht, hat damals die entsprechenden Zwänge noch gefühlt, dieses leicht Verbotene, und hat als Wunschverhalten: wenn ich erst mal groß bin, dann mach ich das alles. Wir haben eine Zustandsübersättigung heute.»

Könntes es also geschehen, daß eine erneute Einschränkung der Verbreitung pornographischer Produkte genau das produziert, was die radikalen Porno-Gegner zu verhindern suchen: den Nährboden für eine neue Generation von Porno-Benutzern?

Der Boom ist vorbei: Die Zahlen steigen nur dort, wo ein Nachholbedarf besteht bzw. der Neuigkeitseffekt noch nicht abgenutzt ist. Während Verkauf und Ausleihe von Videokassetten gemäß der Verbreitung von Videorekordern ansteigt, verzeichnen die Sex-Kinos einen Besucherschwund. (Übrigens auch die Kinos, die sich auf Brutalo-Action spezialisiert haben.) Ähnlich wie in den USA sind auch bei uns die Verkaufszahlen der klassischen «Herren»-Magazine wie «Playboy» und «Penthouse» rückläufig.

In den USA mußten in den letzten Jahren die Hälfte aller Sex-Kinos ihre Pforten schließen, weil die Kundschaft ausblieb. Vor sechs Jahren gab es noch 800 bis 1200 solcher Abspielstätten, heute sind es noch 300 bis 400. Der Pornovideo-Markt bleibt zwar stabil, doch er wächst nicht mehr.

Wer etwas verbieten oder einschränken will, muß den Gegenstand seiner Maßnahmen exakt benennen können, sehr exakt, da ansonsten der Willkür Tür und Tor offensteht. Wir wissen, daß gerade der Pornographievorwurf immer wieder benutzt wurde und wird, politisch unliebsame Publikationen aus dem Verkehr zu ziehen. Wer die Texte der Anti-Porno-Kampagnen studiert, weiß auch, daß dort das Definitionsproblem bekannt ist und nicht gelöst wurde; ich glaube; daß es nicht lösbar ist. Wer will Pornographie von Kunst trennen, wer «harmlose» von «gefährlicher» Pornographie? Daß die Anti-Porno-Frauen keine reaktionären Ziele verfolgen ist außer Zweifel. Das Problem liegt darin, daß sie mögliche Maßnahmen des Gesetzgebers bestenfalls mitinitiieren können, bei der Durchführung aber ohne Einfluß blieben – und diese praktische Durchführung würde mit großer Wahrscheinlichkeit reaktionäre Ziele ganz beiläufig integrieren (siehe § 218-Diskussion). Angesichts der derzeitigen politischen Großwetterlage würde auf diese Art konservativen Politikern ein wunderbares Instrument in die Hand gegeben, politisch brisantes – hat es denn eine sexuelle Komponente – in schönster Legalität zu zensieren oder ganz zu verbieten.

Da Pornographie auf gesellschaftliche Haltungen und Denkweisen reagiert, wird sie sich erst dann verändern, wenn das Verhältnis zwischen den Geschlechtern sich geändert hat. Vor allem: Sie wird sich dann nachhaltig und *dauerhaft* verändern. Nicht aus Zwang, denn Zwang ist eine Scheinlösung, letztlich ein Hinwegbeten von Problemen. Mag sein, daß eine Veränderung des Verhältnisses zwischen Mann und Frau noch sehr viel Zeit in Anspruch nehmen wird, aber es scheint mir die einzig nachhaltige, einzig überzeugende, einzig realistische Strategie.

*

Das ist es wohl auch, was uns zu Menschen macht: Unsere zeitweilige Hilflosigkeit beim Umgang mit dem Sexuellen, beim Umgang mit den Trieben. «Gestandene» Frauen und Männer, sonst immer gut für eine handfeste (Verhaltens-)Regel, werden plötzlich ganz klein und haben keine Antworten. Unsere Regelwerke, unsere Ideologien, unsere vielen kleinen Alltagsüberzeugungen helfen uns über die Runden. So sehen wir uns gern: Klar umrissen, zielorientiert, mit scharf definierten Prinzipien. Die lebendige Widersprüchlichkeit der Erotik bricht unser kausales Denken auf; sie ist leiblich strukturiert nach ganz anderen Gewichten. Und doch ist auch sie nicht «frei», nicht «natürlich». «Was ist los?» fragen wir. «Wem sollen wir denn nun nachgehen, der Lust, dem Gefühl? Oder fallen wir nur wieder rein auf gesellschaftliche Prägungen?» Wo kommen die sexuellen Phantasien her? Warum stören sie uns, warum stehen sie oft so beunruhigend hart gegen unser Selbstbild?

Soll man, darf man Phantasie kritisieren? Ist das nicht eine schreckliche Vorstellung, jetzt auch noch Phantasie zu disziplinieren, jetzt auch noch eine Gedankenpolizei einzuführen?

*

Die Gleichsetzung von Phantasie und Tat ist falsch, denn: wären wir so leicht zu beeinflussen, tobten wir mordend und brandschatzend durch die Welt. Man kann das Problem der Wirkung von Pornographie natürlich auch so en passant wie Halina Bendkowski in ihrem Artikel «Verschwänzte Ästhetik» angehen: «Die müßige Frage, ob die Zelebrierung der Gewalt und Kommerzialisierung des weiblichen Körpers von Wirkung ist, beantworten die Gewaltverhältnisse leider allzu eindeutig, ohne Fakten als Erkenntnisse gelten lassen zu wollen.» Da wird eine Frage, die man gar nicht mehr stellt ganz, von allein beantwortet – irgendwie.

*

Sexuelle Phantasie gibt es nicht erst, seit Pornographie ohne Mühe an jeder Ecke einzutüten ist. Pornographen können nichts erfinden, was in unseren Kopfkinos nicht schon längst tausendmal gespielt worden ist.

Nancy Fridays Sammlungen über die sexuellen Phantasien der Frauen und Männer belegen – wenn's denn belegt werden muß –, daß die «Phantasten» nicht so dumm sind, wie man sie vielleicht gern hätte. Friday: «Die wahrscheinlich größte Mißdeutung von sexuellen Phantasievorstellungen läuft darauf hinaus, sie hätten unterdrückte Wünsche zum Inhalt. (...) Die Phantasie auf die ‹Nichts als›-Einschätzung zu reduzieren, die behauptet, Phantasie sei ‹nur Frustration›, ist zu einfach. Phantasie ist per definitionem etwas, das nicht wirklich passiert.»

Schaut man sich jedoch die Streitschriften der Anti-Porno-Frauen an, fällt auf, daß immer wieder Filmszenen so beschrieben werden, als seien sie Wirklichkeit.

«Ist ein *Film*!» möchte man rufen.

Aber der Unterschied wird nicht gemacht. Und das ist nicht gut.

*

Schlimmer als Pornokonzerne sind die neuen Zeitschriften für den jung-modernen Mittelstand. Sie arbeiten mit den gleichen Klischees, müssen diese aber verschleiern à la mode. Dabei wäre es schon wieder fast gut, einfach einzugestehen, daß die schöne

Nackte auf dem Titel 20000 Exemplare mehr verkauft, daß die Fotostory innendrin die Blätterer am Stand zum Kauf animiert. Doch die Blattmacher drehen ihr Mäntelchen nach *jedem* Wind. Den einen werden die gefesselten Nackten als «geil» präsentiert, und sollte die alternative Klientel hier ideologische Probleme haben, wird Gewissensentlastung durch die aufgesetzte Behauptung betrieben, es gehe doch schließlich darum aufzuzeigen, wie schrecklich und verkorkst Männer immer noch seien, dies sei letztlich ein Akt der Kritik und Aufklärung.

Lieber jemand, der «geile Muschi» sagt und meint, als jemand, der «Vagina» sagt und «blöde Fotze» denkt.

*

Die zentrale Annahme der Anti-Porno-Kampagnen wurde, wie üblich in den USA, auf einen griffigen Satz gebracht: *Pornographie ist die Theorie, Vergewaltigung die Praxis.* Eine direkte Verbindung wird angenommen zwischen Pornographiekonsum und Gewalt gegen Frauen. Das gleiche Muster finden wir momentan in punkto Horrorvideos. Auch hier befürchtet man zunehmende Gewalttätigkeit oder Billigung von Gewalt nach dem Konsum von Videokassetten.

Seit Jahrzehnten arbeiten Wissenschaftler und Expertenkommissionen daran, die Effekte des Medienkonsums wissenschaftlich zu beleuchten und belegen. Auch für den Bereich der Pornographie hat es zahlreiche wissenschaftliche Untersuchungen und allerlei Regierungskommissionen gegeben. Die Zeitschrift «Emma» behauptet eine «erdrückende Überfülle von Belegen für die Schädlichkeit der Pornographie» und meint salopp: «Die Beweise liegen vor.»

Weder von «Beweisen» noch von «Überfülle» kann die Rede sein.

«Haben Sie es je erlebt, daß jemand irgend etwas von Ihnen verlangt hat, was er in pornographischen Bildern, Filmen oder Büchern gesehen hat? Diese Frage wurde im Sommer 1978 telefonisch an 933 Frauen über 18 Jahren in San Francisco gestellt. Von den 929 Frauen, die eine Antwort gaben, wußte jede zehnte von mindestens einem solchen Erlebnis zu berichten.» («Emma», II/87). Etliche der vorliegenden Untersuchungen befinden sich exakt auf diesem «Niveau». Die Auftraggeberin der Studie, die Sozialwissenschaftlerin Diana Russel, schreibt dazu: «Aus diesen Daten kann zwar nicht geschlossen werden, daß Pornographie das beschriebene Verhalten *verursacht*. Man kann meines Erachtens jedoch auf jeden Fall folgern, daß sie irgendeinen Effekt *hat.*» *Irgendeinen Effekt* – na bravo, dann nichts wie her mit neuen Gesetzen!

Nicht alle Untersuchungen lösen das Problem der Beweisführung auf diese spielerische Art, um es einmal freundlich auszudrükken. Es gibt fundierte Testreihen vor allem im Bereich der Sozialwissenschaften, die eine Erhöhung männlicher Aggression durch Pornokonsum zu beweisen scheinen – und es gibt zahlreiche Untersuchungen, die zum gegenteiligen Schluß kommen.

Es ist weder möglich noch nötig, sämtliche Untersuchungen hier vorzustellen. Wirklich *beurteilen* können wir sie allemal nicht, da die meisten von uns wohl kaum Sozial- oder Sexualwissenschaftler sind. Eines ist offenkundig: Es existieren keine eindeutigen Beweise, es gibt keine von der Mehrzahl der Wissenschaftler favorisierte Überzeugung oder Annahme. So werden wir alle, ganz gleich ob für oder gegen Pornographie, zu Gläubigen, je nach Ideologie. Wir glauben, was uns in den Kram paßt, je nachdem ob der Kram feministisch, kapitalistisch oder männlich-chauvinistisch ist. Im Dilemma sich widersprechender Forschungen haben sich auch die US-amerikanischen Regierungskommissionen 1970 und 1985 befunden.

Selbst die Ergebnisse der ultrarechts besetzten Meese-Kommission, die sich nur «kooperativer» Wissenschaftler bediente, programmatisch landauf, landab «Opfer» der Pornographie suchte und waren für die Reagan-Regierung so vage, daß sie zu keinerlei gesetzgeberischen Konsequenzen führte.

Dieses schwammige Terrain, dieser Brei aus Beweis und Gegenbeweis, Überzeugung, Vermutung und gegenseitigen Unterstellungen darf keine Basis für Gesetzesmaßnahmen werden, Maßnahmen, die weit über den Bereich der Pornographie hinausweisen, da sie an vielen Punkten grundsätzliche Fragen der Meinungs- und Pressefreiheit berühren. Nicht selten ist von feministischer Seite zu hören, hier handle es sich lediglich um den üblichen Schulterschluß der Männer. Auf einem ähnlichen Gebiet, der Wirkung von Horrorvideos jedoch, geht es nicht um die Mann-Frau-Problematik, und auch hier bieten die wissenschaftlichen Untersuchungen das gleiche widersprüchliche Bild. Auch hier gibt es keine mehrheitliche, geschweige denn einheitliche Meinung zur Wirkungsfrage, auch hier kann von «Beweisen» keine Rede sein.

Eines allerdings läßt sich nachweisen: Wenn ein direkter Bezug zwischen Pornographie (Theorie) und Vergewaltigung (Praxis) behauptet wird, kann die Statistik zu Rate gezogen werden. Nachdem in vielen westlichen Ländern die Pornographiegesetzgebung liberalisiert wurde und die Verbreitung von Pornos zunahm, hätte auch die Zahl der Vergewaltigungen und sexuellen Nötigungen zunehmen müssen. In Dänemark ist die Zahl der Nötigungen zurückgegangen, die Rate der Vergewaltigungen stieg nicht. Auch in der BRD ist sie nicht gestiegen.

Und in Japan, wo Vergewaltigungsszenarien sehr viel mehr als bei uns zum festen Pornorepertoire gehören, ist die Vergewaltigungsrate $\frac{1}{16}$ so hoch wie in den USA.

*

Plötzlich ist immer wieder dieses Wort zu lesen am unvermuteten Ort: *Wichser* tönt es in der «emma», *Wichser* und noch mal *Wichser*. Merkwürdig: Sonst findet sich bei Frauen dieses feine Ohr, diese Antenne für Sprache und ihre Schwingungen. *Wichser* – das ist jemand, der sich selbst befriedigt, nicht wahr? Wie schön. Und das tun auch Frauen? Oder auch das nicht mehr? Warum finde ich *Wichser* hier nur im verachtendsten Kontext? Dieses herausgeschleuderte *Wichser* der 50er Jahre ist Haß auf den eigenen Körper, ist Angst vor dem schmuddeligen Untenrum. Wenn schon die ganzen Sauereien, dann mit Sinn und Verstand, in Beziehungen und mit Zeugungsabsicht.

Aber *Wichser* verachtet nicht nur den Körper, nicht nur die Sexualität, es meint außerdem: du bist nur halb, bist unreif, hast kein Gegenüber. Können das die «emma»-Frauen wirklich meinen?

Wollen sie ernsthaft ein Loblied anstimmen auf das Paar, auf die Familie?

*

Pornographie wird von Männern für Männer gemacht, klar. Aber sind Pornos so, wie Männer es wollen, träumen, möchten? Stimmt diese Gleichsetzung: Was in Pornos zu sehen ist, zeigt die Wünsche der Männer? Zeigen unsere Spielfilme und Fernsehserien das, was wir wollen? Wird im Kapitalismus das hergestellt, was nützlich, brauchbar, wünschenswert (und gewünscht) ist?

Man verkauft uns den Mangel. So wie die Waschmaschinen ihren eingebauten maschinellen Tod haben, so ist das zentrale Moment der «Bewußtseinsprodukte» ihr Loch, der Hunger, den sie zurücklassen. Nach mehr Konsum, noch mehr. Warum soll gerade Pornographie ein realistisches Porträt männlicher Wünsche sein? Ich frage ja nur.

*

In der Pornographie gibt es keine Verantwortung, keine Gefühle, keine Utopie. Ein erotischer Reiz – und schon funktionieren die Körper und ihre Teile. Ursache–Wirkung.

Auf eine fast perverse Art trifft sich hier der Pornograph mit seinen Kritikern, teilen sie die gleiche Grundüberzeugung: Menschen werden nicht gesehen als denkende, bewußte, verantwortliche Wesen. Sie sind nur Triebmaschinen, die zu allem manipuliert werden können.

*

Ein Standard im Haß auf Feministinnen ist die tumbe Überzeugung, sie seien prüde, frustrierte, unbegehrte Frauen. Das ist so blöd.

Aber: Geht es um die *Bewertung* sexuellen Verhaltens, *muß* sich jeder auch fragen, wo die eigene Sexualität, wo ganz persönliche Wertungen und Erfahrungen mit eingehen in die Beurteilung. Wem Sexualität ein Problem ist, dem wird auch ihre sprachliche und bildliche Präsentation problematisch sein.

Da besucht die frauenbewegte Reporterin Gabi und Georg, die kleine, billige Pornos herstellen. «Es riecht muffig» und die Wohnung genügt nicht den Sauberkeitsansprüchen der Journalistin. «Ich setze mich etwas angewidert auf das Bett. Zum Glück erfahre ich erst später, daß es schon häufiger Schauplatz von Orgien war.» Sie macht dennoch ihr Interview. «Als ich endlich wieder zu Hause bin, wasche ich mir meine Hände, ziehe ich meine Sachen aus, stecke sie in eine Plastiktüte und die wieder in eine Plastiktüte; ich bade, wasche meine Haare, seife meine Schuhe und meine Handtasche ab, werfe den Kugelschreiber weg, den ich aus Versehen in Georgs Wohnung eingesteckt habe und trinke drei Schnäpse hintereinander. Mir war noch nie so übel.»

*

Was mich stutzig macht bei Anti-Porno sind die sauberen Antworten, ist das scheinbar gesicherte Wissen, sind die mit ungebrochenem Pathos vorgetragenen Überzeugungen. Doch die Form desavouiert das eindeutige Auftreten. Die Form ist polemisch. Gearbeitet und argumentiert wird nur in schwarz und weiß, mit emotionalen Effekten, mit Weglassungen. Gerade im Bereich des Sexuellen haben wir es mit Widersprüchlichkeiten zu tun, mit dem nicht zu Vereinbarenden. Das macht das Sexuelle so bedrohlich, aber auch so lebendig. Wir aber lesen keine Fragen, wir bekommen Antworten serviert. Und völlig zu Recht heißt es nicht Anti-Porno-*Aktion* sondern Anti-Porno-*Kampagne*.

*

Wer mit DDR-Medien vertraut ist, muß oft lachen über die naivgutgemeinte Propaganda. Stets ist die Rede von Erfolg und Steigerung, von Errungenschaften und Siegen. Die Medienwelt dort ist beherrscht vom Wunschdenken, das sich schon als Realität ausgibt.

Auch die Anti-Porno-Kampagne scheint mir nicht selten von ähnlich gelagerten Wunschdenken bestimmt.

Kann man Emanzipation verordnen, indem man Ungewünschtes, Ungeliebtes verschweigt? Hin und wieder bekommen wir hier in «engagierten» Fernsehspielen vorgeführt, worin das Gutgemeinte endet: es verrät die Ziele, für die es eintritt, es ist letztendlich feindlich den Menschen gegenüber, weil es im wahrsten Wortsinn platt macht und weil es uns als Medienkonsumenten für dumm hält.

Ich kann sie mir sehr gut vorstellen, eine «erlaubte», eine «erwünschte» Pornographie, die sich stets zu verantworten hat. «Erotik» würde sie dann wohl heißen, was immer das auch ist. Ihr Effekt liegt auf der Hand. Gleich der Wirkung der DDR-Propaganda reizt sie die Lachmuskeln. Schlimmer noch: Sie fordert Gegenbewegungen geradezu heraus.

*

Der staatliche Kampf gegen Pornographie war immer auch ein Kampf gegen sexuelle Minderheiten. Da Pornographie sich höchst beliebig definieren läßt, eignen sich zensierende Verordnungen vorzüglich dazu, unliebsame Schriften auf den Index zu setzen. Fragen Sie uns Schwule, fragen Sie Lesben. Die können ein Lied davon singen.

*

Es ist schon verblüffend. Kein Thema, so scheint es, vermag uns wirklich mehr zu *berühren*. Tschernobyl und die CIA am Golf, Flick und Barschel – schon nach kurzer Zeit rutscht die Berichterstattung der Zeitungen von der Titelseite irgendwo in die vermischten Spezial-Belanglosigkeiten zwischen Seite sechs und neun.

Die Position der Grünen zur Bekämpfung der Arbeitslosigkeit ist weitgehend unbekannt. Aber der legendäre «Busengrabscher» ist bis heute unvergessen. Präsidenten mögen senil sein und öffentlich der Lüge überführt, das macht nichts. Die Tatsache aber, daß der Präsidentschaftskandidat Hart nebst Gemahlin eine Freundin hat, reicht aus, ihn für alle Zeiten aus dem politischen Verkehr zu ziehen. Ein eitler, selbstgefälliger Verteidigungsminister, der sich auf die Eroberung möglichst vieler Fettnäpfchen spezialisiert hat, ist zum NATO-Chef befördert worden. Aber der General, der im «Verdacht» stand, homosexuell zu sein, wurde beurlaubt.

Fragen der Moral sind bei uns zuförderst Fragen der Sexualmoral. Als Maß der Tugend gilt uns das sexuelle Verhalten. Wie groß muß immer noch und immer wieder die Scheu, die Angst vor unseren sexuellen *Möglichkeiten* sein, daß ein sexueller «Fehltritt» größere Konsequenzen zeitigt als – beispielsweise – die Verminung des Hafens einer ausländischen Stadt?

Wir relativ Erwachsenen haben (zumindest) zwei Spielarten erlebt, per gesellschaftlicher Moral das Sexuelle zu meistern. (Ich behaupte: sich des Sexuellen zu entledigen.) Das Nachkriegsdeutschland verhängte ein Schweigegebot; darin war man allemal geübt. Wofür es keine Wörter gibt, das existiert auch nicht. Folglich wurde nicht der Vollzug der Lüste in Heimlichkeit geahndet, sondern der Bruch des Schweigens. Wie über den Faschismus sprach man eben auch nicht vom Sexuellen. Doch die Körper verrieten dieses hübsche Arrangement. Als die «Freizeit» erfunden wurde, eine Zeit, deklariert, der eigenen «Verwirklichung» nachzugehen, verlangte man nicht nur nach dem «Ford-Taunus» und der Reise zum Wolfgangsee, sondern auch nach der Lust.

Eine weitere Variante, mit der Angst vor dem Sexuellen umzugehen, lernten wir in den Jahren der regierenden Sozialdemokratie kennen. Im Kapitalismus war es längst schon kein Geheimnis mehr, daß die effektivste Form des Verbots die Erlaubnis ist. Gab es in den 50ern noch die Möglichkeit, sich *gegen* die herrschende Sexualmoral zu wenden, also eine Entscheidung zu treffen, schickte man uns nun in die Kurse von Pädagogen und auf die Couch von Therapeuten. Wie bei kleinen Kindern, die im Keller pfeifen, wurde das Unverständliche und Unverstandene am Sexuellen hinweggeredet. Plötzlich war (fast) alles vorstellbar, erlaubt, zumindest aber «verständlich». Das öffentliche Reden über Sexualität war nicht länger tabu, es wurde geradezu zum Zwang. Zuerst war es chic, bald langweilig, und dann redete man dem Sex das Sexuelle aus.

Wie mit der Flut neuer (Vor-)Bilder leben, wie klarkommen mit den modernen Ansprüchen: gegen Eifersucht, für die offene Beziehung, gegen Familienstrukturen, für freiere Formen sexueller Selbstverwirklichung? Die korsettierende Muffmoral hatte eben auch gestützt. Jetzt aber waren sämtliche Orientierungsbarrieren (zumindest im Reden) entfernt, und die Frage nach der Lebbarkeit der neuen Liebes- und Sexualstandards verlor sich im Spiel kurzfristiger Moden.

Restriktive Sexualmoral gefolgt von permissiver Sexualmoral: Nun hätte – wenn wir uns diese optimistische Praline gönnen wollen – eine Zeit folgen können, wo einerseits dem Trieb, den persönlichen Wünschen und Phantasien, den Körpern Achtung gezollt wird, andererseits aber auch dem sozialen Moment von Sexualität und Sexualität in Beziehungen.

Ein Versuch hätte gewagt werden können, so etwas wie eine «menschenfreundliche Moral» zu erproben, die weder die Bedürfnisse des Leibes noch die Erfordernisse des sozialen Miteinander vernachlässigt. Es hätte spannend werden können...

Doch die konservative «Wende» wurde gewählt. Mürbe vielleicht durch die Orientierungslosigkeit der 70er und geängstigt durch die ökonomische Krise, die sich als dauerhaft herausstellte, setzte ein erneuter Wertewandel ein.

Doch die Wende ist nicht eine schlichte Rückwärtsbewegung. So leicht läßt sich nicht hinter die Errungenschaften der 70er zurückgehen. Etwa der Gleichheits*gedanke* zwischen Mann und Frau ist durch die Erfolge des Feminismus inzwischen zu sehr verankert, als daß er sich völlig egalisieren ließe. Aber einige sind nun doch ein wenig gleicher: die Biologie wird wieder mal aus der Waffenkammer geholt. «Die Frau» der Konservativen ist hauptsächlich «Frau und Mutter». «Liebe, Güte und Zärtlichkeit, die besonderen Kennzeichen der Mutter...» (Aus den Leitsätzen der 19. Bundestagung der Sozialausschüsse der CDU, 1981.)

So wie die Promoter der Wende sich vernebelnd und euphemistisch einer der veränderten Zeitläufe angepaßten Sprache bedienen – zunehmend ist bei Geißler und Blüm von «Emanzipation» und «Solidarität» die Rede –, bedienen sie sich auch im Denk- und Diskussionsrepertoire fortschrittlicher Gruppen. Von der «neuen Mütterlichkeit» ist in fast identischen Formulierungen ebenso bei Feministinnen wie in der CDU die Rede – allerdings mit sehr unterschiedlichen Zielvorstellungen. Doch das stört diejenigen nicht, die die feministische Debatte für sich auszunutzen wissen.

Mit spürbarer Befriedigung erklärt Dr. Kohl: «Der Vorrang der familiären Erziehung wurde in Frage gestellt. Die Ehe wurde nur noch als eine unter anderen Formen menschlicher Lebensgemeinschaft behandelt... Es ist offenkundig: das Experiment der bindungsarmen Erziehung ist gescheitert. Ehe und Familie kommen zu neuem Glanz. Gerade die junge Generation beginnt zu verstehen, daß Liebe und Treue keine altmodischen Begriffe sind, sondern daß die Bindungen zwischen Menschen Halt und Dauer geben.»

Die Diskussion um die «neue Mütterlichkeit» führte zu Grabenkämpfen innerhalb der Frauenbewegung. Der Versuch einiger Frauen, sich einem frauenbewegten Begriff von «Mütterlichkeit» zu nähern, wurde von anderen scharf kritisiert als Zuliefererarbeit für die Wende-Ideologen. Doch siehe da: Die härtesten Kritikerinnen der «neuen Mütterlichkeit» sind gerade die Frauen, die sich heute für Anti-Porno engagieren und somit nun ihrerseits verdächtigt werden, das Spiel der Konservativen zu spielen.

Ich sehe innerhalb der Frauenbewegung weder verkappte Rechte noch Neo-Konservative. Gewiß ist die *Gefahr*, rechten Ideologen den Rücken zu stärken, bedenkenswert, doch wo – von Männer- wie von Frauenseite – *so* laut getrommelt wird, heißt es vorsichtig sein. Mir scheint dies auch ein Schutzargument zu sein, eines an der Oberfläche, das auf leicht eingängige Weise ablenken soll von Fragen ganz anderen Zuschnitts.

Es kommt wohl nicht von ungefähr, daß der Begriff der «Heimat» eine Renaissance erlebte, einer Heimat, die zuförderst wohl eine emotionale Sicherheit meint, die Anwesenheit vertrauter, allgemein «gefühlter» und akzeptierter Überzeugungen. Die Suche (und manchmal Sucht) nach Formen von Heimat, eine ideologische, politische, moralische, erotische, zwischenmenschliche, war auch Reaktion auf die sich auflösenden Gewißheiten der 70er Jahre.

Besonders im Bereich des Sexuellen lösten sich in saisonalem Wechsel Konzepte und Gegenkonzepte ab, die nicht nur probeweise durchdacht, sondern durchaus gelebt wurden.

Wie, um Himmels willen, soll das alles gehen: Die Nähe zum Trieb und gleichzeitig die Erkenntnis, wieviel der uns so «natürlich» erscheinenden Sexualität gesellschaftlich geprägt ist?; ein JA zu den Bedürfnissen des Körpers und gleichzeitig das Wissen darum, daß sowohl Bedürfnisse als auch deren Durchsetzung je nach Geschlecht auf völlig verschiedene Voraussetzungen treffen?; die rationalen Überzeugungen gegen Eifersucht, Klammerbeziehungen, Kleinfamilien und die oft sehr schmerzliche Feststellung, daß unsere Gefühle den Gedanken nicht folgen mögen oder können?

Wieviel Angst, Unsicherheit, Selbstzweifel wird hier geweckt: Der erfolgreiche, selbstgewisse Mann, der in stillen Stunden (s)eine erotische Erniedrigung herbeiphantasiert. Die gestandene Frau, der in sexuellen Tagträumen immer wieder extrem erotische Frauen begegnen. Der sich selbst als emanzipiert erklärende junge Mann, den Phantasien grandioser Macht über Frauen verunsichern. Die Feministin, die sich abhängig und ausgeliefert träumt in sexueller Erregung. Der offen auftretende Schwule, der sich heimlich haßt und bestraft wünscht für sein «Laster». Es scheint, daß, je mehr wir Sexualität als gut und gesund erklären, ihre schwarze Seite um so drängender zutage kommt. Sexualität ist nicht sozial, ist nicht emanzipatorisch, ist nicht gut.

Sexualität ist.

Und das macht uns angst.

Diese Angst auszuhalten, die manchmal auch Angst vor *möglichen* eigenen, uneingestandenen Wünschen meint, ist nicht leicht. Mir scheint, daß aus der Angst vor dem, was Sexualität alles heißen *könnte*, neue Gewißheiten gesucht und (leider) auch manchmal gefunden werden.

Die Intentionen der Rechten, das Sexuelle und seine Begleiterscheinungen erneut stärker zu reglementieren (Infragestellung der Sexualerziehung, Kampagne gegen den §218, Angriffe auf

«Pro Familia» und Homosexuelle, Kürzung der Gelder für Frauenprojekte etc.), ist oft genug beschrieben worden und soll hier nicht nochmals erörtert werden. Ich gehe davon aus, daß etwa die Initiativen der CSU im Bundesrat, sexuell explizites Material schärfer zu reglementieren, einen anderen Hintergrund und andere Ziele haben als die Anti-Porno-Kampagne feministischer Frauen. Ein zentraler gemeinsamer Punkt aber scheint mir in der Angst vor der Ungeordnetheit des Sexuellen zu liegen. Fürchten die Konservativen eine Auflösung staatserhaltender Werte, sehen einige Frauen die Kapitulation vor männlich geprägter Sexualität voraus, falls nicht eingegriffen wird. Auch bei Anti-Porno wird die Kraft der Sexualität dämonisiert bzw. je nach Geschlecht fast völlig negiert. Der Kampf gegen Pornographie stellt sich fast immer auch als Kampf gegen Sexualität dar – und Sexualität wird ohne größere Differenzierung durchweg als gewalttätig und frauenfeindlich beschrieben. Auf eine höchst befremdliche Weise werden im Namen des Feminismus Haltungen und Deutungen wieder aus den hinteren Schubladen des Denkens hervorgekramt, die längst überholt schienen, sich zudem noch vermischen und partiell ausschließen.

Einerseits gilt es als Errungenschaft der Frauenbewegung, die Kategorien «Frau» und «Mann» als größtenteils historisch gemachte aufgedeckt zu haben. Gleichheit und Gleichberechtigung wurden proklamiert, auch und besonders im Bereich der Sexualität. Ein Hauptmoment des feministischen Erfolgs lag darin begründet, daß der Mythos der sexlosen Frau ad absurdum geführt wurde. Die Forderung nach sexueller Autonomie und das Bekenntnis zur Lust halfen Frauen, die Gedanken der Frauenbewegung auch auf ihre Körper umzuschlagen. Nach ersten Erfolgen kam der Rückschlag. Die Bastionen der Männer, so zeigte sich, sind so einfach nicht zu erobern. Hat das Konzept der Gleichheit nicht sofort den gewünschten Erfolg, funktioniert vielleicht die Idee des Unterschieds? Und so setzt die Anti-Porno-Kampagne eine gewalttätige männliche Sexualität gegen eine friedliche, liebende weibliche Ausformung – soweit diese überhaupt thematisiert wird. Welche Ironie, daß eine sich selbst als fortschrittlich verstehende Haltung den alten Mythen der selbstlosen Frau neue Nahrung gibt.

Und: Im Gegensatz zur Idee unserer historischen Gebundenheit erscheint bei Anti-Porno männliche Sexualität wie eine zeitlose, unverrückbare Konstante und verleiht somit den Veränderungswünschen der Frauen den Charakter des Aussichtslosen. Die Änderung männlichen Verhaltens scheint so unwahrscheinlich, daß nur die härteste aller Maßnahmen, nämlich Zensur und Bestrafung, wenn schon nicht die Sexualität selbst, dann doch wenigstens einige ihrer Manifestationen verhindern soll.

Anti-Porno unterstützt letztendlich den Männermythos vom alles bewegenden Mann. In diesem Denken nimmt der Mann – wieder mal – die zentrale Stelle ein, während ein souveränes Nachdenken über weibliche Sicht- und Fühlweisen unterbleibt. Diese Reduktion auf die Perspektive der Männer macht allerdings dann Sinn, wenn der Blick auf die Frau zuviel Gefahren mit sich bringt.

Der scharfe Protest vieler Feministinnen *gegen* die feministische Anti-Porno-Politik zeigt, daß keineswegs alle Frauen sich im oben skizzierten Frauenbild wiederfinden. Die Sexualität von Frauen, so argumentieren sie, sei keineswegs auf liebende Anteilnahme zu begrenzen. Sie könne auch aggressiv und leidenschaftlich und hart sein, und sie lasse sich nicht per feministischer Ideologie festlegen auf Sex nur innerhalb partnerschaftlicher Beziehungen. Sex pur, die Lust am schönen Körper, die Lust an der Lust sei nicht von vornherein schlecht, reduziere nicht automatisch das Gegenüber auf seine Objektfunktion. Kann nicht eine in gegenseitigem Einverständnis verbrachte Nacht, die geteilte Lust zweier *Subjekte* für einen befristeten Zeitraum sehr wohl auch in schönster gegenseitiger Achtung verlaufen? Ist dies nicht hin und wieder würdevoller, als so manche kannibalistische Beziehungssituation?

Was nicht sein darf, ist nicht – was nicht «bekannt» sein darf, ist nicht «bekannt». «Pornographie», schreibt Andrea Dworkin, «wurde von Feministinnen (ohne Ausnahme, soweit bekannt) als frauenfeindlich, gewalttätig, vergewaltigend verstanden.» Daß dem nicht so ist, müßte auch Andrea Dworkin «bekannt» sein.

Keine ‹Emma› in Bayern wegen Porno

Grossisten üben Selbstjustiz und liefern die Frauenzeitschrift wegen einer illustrierten Anti-Porno-Kampagne nicht aus

Berlin (taz) – In München, Nürnberg und Würzburg suchten Leserinnen in Kiosken und Buchläden vergeblich nach der eben erschienenen Novemberausgabe der ‹Emma›. Einige Grossisten hatten die Frauenzeitschrift, die dieses Jahr unter «Chefin» Alice Schwarzer zehnjähriges Jubiläum feierte, kurzerhand nicht ausgeliefert.

Der Grund dafür könnte auch aus einer Provinzposse stammen: Weil ‹Emma› im Rahmen ihrer Anti-Pornographie-Kampagne Artikel über die entwürdigende Situation der Frauen in der Pornoindustrie mit Abbildungen aus dem hardcore-Porno-Bereich illustrierte, wurde sie ihrerseits der «Verbreitung pornographischer Schriften» verdächtigt.

Der besorgte Anwalt der Grossistenvereinigung, ein Dr. Auer aus München, hatte Grossisten und Händlern empfohlen, die November-‹Emma› nicht auszuliefern bzw. auszulegen, weil sie sich damit nach Paragraph 184/3 StGB, der die «harte» Pornographie (Gewalttätigkeiten, Sex mit Kindern und Tieren) verbietet, strafbar machen könnten.

Dieser bundesweiten Empfehlung sind nach bisherigen Informationen der ‹Emma› die drei bayerischen Grossisten gefolgt. Die Geschichte sei «nicht ohne Ironie», befand die ‹Emma›-Redaktion in einer ersten Stellungnahme. Der Auslieferungsboykott sei «juristisch unhaltbar».

Gestern morgen beantragte ‹Emma› beim Gericht in München eine einstweilige Verfügung, um die Auslieferung ihres Heftes schnellstens durchzusetzen.

Helga Lukoschat

taz, 29. 10. 87

Betty Friedan engagierte sich neben vielen anderen Feministinnen in der NCAC (National Coalition Against Censorship). Friedan: «Ich möchte im Namen sehr vieler Frauen dieses Landes, Feministinnen und Kämpferinnen für die Menschenrechte, meiner Überzeugung Ausdruck verleihen, daß die gegenwärtigen Bemühungen, eine Zensur dergestalt einzuführen, daß man Pornographie verbietet, für Frauen extrem gefährlich sind. Sie sind extrem gefährlich für die Rechte sowohl von Frauen als auch von Männern, frei zu denken, zu sprechen und für unsere Grundrechte zu kämpfen, unser Leben und unsere Körper selbst zu kontrollieren.»

Die Rechtsanwältin Harriet Pilpel fügt hinzu: «Es ist einfach die Meinungsfreiheit zu bejubeln für Vorstellungen, mit denen wir übereinstimmen. Die Essenz der Meinungs- und Pressefreiheit ist jedoch, daß wir Gedanken schützen müssen, die wir hassen.» Und noch einmal Betty Friedan: «Wenn eine Anti-Pornographie-Gesetzgebung, die Unterdrückung von Pornographie, zum Gesetz würde, wären ihr erstes Ziel feministische Bücher, Bücher wie *‹Our Bodies, Ourselves›* (Deutsch: Unser Körper, unser Leben, 2 Bde., Rowohlt Taschenbuch Verlag), Bücher, die Frauen das Recht auf ihren Körper zusprechen.»

Sybil Gräfin Schönfeldt

Heimlichkeiten

Einmal waren wir in Schweden und fuhren vom Ferienhaus eines Kollegen täglich eine kleine schmale Straße zwischen Apfelplantagen und Dünen zum Schwimmen ans Meer. Ein Weg durch sommerblaue Einsamkeit. Eines Tages, über Nacht, waren die Obstplantagen Parkplätze geworden und die Dünen von einem riesigen Jahrmarkt überwuchert. Alle Zufahrtswege wimmelten von Menschen, Fahrrädern und Autos.

Wir bummelten über den Markt, an dessen Rand Familien Lagerfeuer entzündet hatten, Gogo-Girls mit dem Po zum Meer in Hauskulissenwänden rhythmische Tanzbewegungen machten und Polizisten gemächlich auf blanken Pferden patroullierten. Fast in der Mitte: ein großes weißes Zelt, im Gegensatz zur Umgebung ohne Reklame und Flitter, in das aus allen Himmelsrichtungen alte Männer eilten, im schwarzen Sonntagsfrack mit weißem Hemd, knickebeinig, frisch rasiert, manche am Stock.

Unser damals zehnjähriger Sohn umkreiste neugierig das Zelt und schlüpfte durch einen Schlitz hinein. Er kam jedoch bald wieder heraus, und wir fragen: «Was gibt's denn dort?»

«Och», sagte er, «langweilig. Da drinnen sitzen lauter alte Opas und gucken sich einen Film mit nackten Damen an.»

Ein Pornoschuppen also für Großväter, wie aus Astrid Lindgrens Geschichten aus Bullerbü. Einmal im Jahr, mitten im Sommer, und die alten Männer eilten so behende und vergnügt in das Zelt, als ob sie sich vom Ende des Marktes auf den Beginn des nächsten freuten.

Wenn sie dieses Vergnügen mit den nackten Damen nun nicht hätten, würden sie dann trübsinnig oder noch gewalttätiger, als

Männer gemeinhin sind? Genau das ist die Frage. Braucht jedermann seine Pornoration? In der Südsee, in diesen Gegenden, deren Populationen seit Margret Mead gern mit uns Mitteleuropäern verglichen werden, ebenso wie in den Gefilden, die uns vertrauter sind? Ich meine nicht: zur Zeit unserer Großväter und Sigmund Freuds. Ich meine: heute.

Wer könnte denn in unserer aufgeklärten Zeit, in der selbst die Familienministerin mit der Sachlichkeit eines Kassenarztes von Körperteilen und ihren Funktionen spricht, die auch nur zu bezeichnen der Wortschatz unserer Großmütter nicht ausgereicht hätte, noch so viel Zwang empfinden, daß er sich verstohlen beim Anblick unbedeckter Glieder in Bewegung davon erleichtern müßte?

Überall werden sexuelle Organe in ihren Details beschrieben, überall, selbst in elitären Wochenzeitungen, wird Männern angepriesen, wie sie ihre sexuellen Kräfte noch steigern können, und es gibt kaum einen modernen Roman, Jugendliteratur längst inbegriffen, in dem nicht bis ins kleinste beschrieben würde, welche sexuellen Praktiken welche Wirkung und welche Saftproduktionen auslöste.

Als die Angélique-Romane noch neu und jung waren, übernachtete ich einmal in einer leise vor sich hin zerfallenden Hotelpension in Bad Ems. In der Halle, Gold, Stuck, Kamin und Kristallüster, saßen abends außer mir nur ein alter Herr mit seiner Gesellschafterin oder Enkelin, die ein Taschentüchelchen umhäkelte.

Nach langem friedlichem Schweigen sagte der Mann eines Abends mit befehlsgewohnter Stimme: «Ein Jammer, daß es noch keine neue Angélique gibt.»

Sie wisperte irgend etwas, woraufhin er trompetete: «In einer Nacht würd ich sie durchlesen, von vorn bis hinten. Das bringt selbst einen alten Mann wieder hoch!»

Entsetztes Gewisper und scheue Seitenblicke.

Er: «Was? Was? Aber wo es doch die Wahrheit ist!»

Also, wo es doch die Wahrheit ist, daß *Playboy*-Fotos und Pornofilme und Romane aus einer Mischung von verlogenem Edelgefühl und Sex die Männer ermuntern, und wo über diese Wahrheit seit Kinsey unendlich viel Papier klug und verklemmt beschrieben worden ist, müßte die große Heimlichkeit doch allmählich ihr Ende gefunden haben.

Warum aber in Wirklichkeit nicht? Warum wickelt unsere Zeitschriftenhändlerin immer den *Playboy* in eine Tageszeitung, hinter der sich angeblich ein kluger Kopf (ha!) versteckt? Warum greifen die Herren heute noch verstohlen nach diesem Sex-Paket, wenn sich zufällig eine Frau oder ein Kind im Laden befinden? Warum würden sie es leugnen, auch wenn man es ihnen auf den Kopf zusagte, daß sie auf Porno abonniert sind? Würden rot werden wie ertappte Schuljungen? Kann man sich diese Genanz nur im Puff schenken? Stimuliert diese Heimlichkeit? Ist sie ein freiwilliger Akt der Steigerung von Erregung und Lust oder ein unfreiwilliges Erbe jahrhundertelanger Verbote?

Die Generation der Großeltern von heute ist noch in dieser merkwürdigen Mischung von Heimlichkeit und Doppelmoral aufgewachsen. Eltern klärten nicht auf, Schulkameraden kolportierten aus van der Velde solche Ungeheuerlichkeiten, daß man sie nicht glauben mochte, und die Literatur ließ uns vollkommen im Stich.

Damals gab es Romane, Geschichten, in denen von Menschen und ihrer Entwicklung erzählt wurde. Liebe kam großzügig darin vor, aber nicht das Sexuelle. Wer darauf aus war, mußte sich Bücher «mit Stellen» suchen, und da ja eine ganze Reihe von Dichtern und Schriftstellern – gerade die freieren, moderneren, expressionistischen – verboten waren, die Bücher verbrannt, aus den öffentlichen Bibliotheken gelöscht, in privaten Büchereien sorgfältig vor Besuchern und Kindern, die ihre Eltern anzeigen oder ahnungslos verraten könnten, versteckt, waren diese Bücher so rar, daß selbst unser Alltagswortschatz so prüde wie die noch vorhandene und anerkannte Literatur wurde.

Im Deutschunterricht meines Lyzeums wurde die klassische Literatur nicht nur behandelt, sondern auch vorgelesen, absatzweise und nacheinander von den Schülerinnen in der Reihenfolge ihrer

Plätze. Ich kann mich gut daran erinnern, daß diejenige, die bei auch nur der Andeutung eines Hauches von Erotik an der Reihe war, in hysterisches Kichern auszubrechen pflegte, und daß ich, die ich gern und ohne solche Anfälle vorlas, so von den Klassenkameradinnen vor der Stunde umgesetzt wurde, daß ich den Satz mit dem Wort «Busen» zu sprechen hatte.

Damals gab es zudem Themen, die wichtiger genommen wurden als Sex. Bei manchen und privat das Thema der Freiheit und des Widerstandes; offiziell die Erziehung im nationalsozialistischen Sinne, in der die Härte wie Kruppstahl und das gehorsame Befolgen von «Du bist nichts, dein Volk ist alles» an erster Stelle standen, und in der Sex auch wesentlich weniger vorkommen konnte, als es sich heute die Nachwachsenden vorstellen können. Die schnoddrige Übersetzung von BDM = Bubi drück mich! war mehr Wunsch als Wirklichkeit. Die «Bubis» hatten strammen HJ-Dienst, RAD-Dienst, wurden dann Flakhelfer und junge Soldaten, eh sie zum Drücken kamen, und wenn sie nicht «für Volk und Vaterland» als junge «Helden» fielen, so kam ihnen das schon als Glück vor.

«Reif werden und rein bleiben» war die Maxime von Josef Goebbels in seinem Roman «Michael», der genauso schwülstig wie der «Wanderer zwischen beiden Welten» von Walter Flex die nicht verdrängte, sondern wegen Politik und Krieg zu kurz gekommene Sexualität sublimierte. Gerade diese beiden Bücher, von jungen Männern im Rausch ihrer vaterländischen Begeisterung geschrieben, haben mir damals einen tieferen Widerwillen gegen unausgegorene junge Männer ihresgleichen eingeflößt, als es Verbote – wenn es welche gegeben hätte – erreicht haben könnten.

Denn das war das Merkwürdige: unsere Eltern und Großeltern mußten in einem Maße auf die Erziehung des Nationalsozialismus zur allgemeinen «Anständigkeit», zu Zucht und Ordnung vertraut haben – vielleicht um so fester, je größer die innere Unruhe war, die sie zu beschwichtigen hatten –, daß es statt Verboten das Vertrauen darauf gab, daß «ein deutscher Junge» oder «ein deutsches Mädel» so etwas nicht tut.

So etwas? Was denn? Interessanterweise übernahmen die Nazis flugs und flink alles von der reformerischen Aufklärung der 20er Jahre, was dieses etwas gefühlvoll verschleierte. Damals hatten sich die Erzieher auch noch nicht an die Sache selbst herangetraut, sondern murmelten aufs Feinsinnigste von Weihe und Heiligkeit der Schöpfung, der Mutter und der Frau. Die Nazis machten eilfertig die germanische Heiligkeit der Volksgebärerin daraus, und damit war das Thema aus dem Individuellen und aus der schwülen Heimlichkeit herausgenommen und eins der ganzen Nation geworden. Gezielte Menschenzucht und Erbgesetze, streng biologische Auswahl für SS-Männer und die Pflicht, sich gesund zu halten, um eine gute deutsche Mutter zu werden, machten privaten Sex zu Schweinereien.

So etwas sitzt tief, und so etwas verursacht eine Naivität, die sicher ihre Ventile braucht. Denn dieses Bild des Mannes, dieses Ideal aus Vorkriegs- und Nazizeit ist ja nie korrigiert, nicht einmal diskutiert worden: anständig ist ein Mann nur, wenn er Manneszucht übt, kalt duscht, sich beherrscht, sich sauber hält, die Ehefrau schont – na, und so weiter. Diese Zwangsvorstellungen haben 1945 überdauert und in der kleinbürgerlich gewordenen Nachkriegsgesellschaft eine verheerende neue Prüderie erzeugt. Mein Himmel, was war das in den 50er und 60er Jahren eine Heuchelei und ein Vertuschen! Wie rasch saß der Polizist mit einer Klage in den Redaktionen der deutschen Illustrierten, weil ein Leser wieder einmal an dem Wort «Busen» im Romantext Anstoß genommen hatte!

Kein Wunder, daß Porno voll in Mode kam. Wenn es einen dieser Saubermänner jedoch zum *Playboy* trieb, weil ein anständiger Mann gewisse Anblicke nicht von seiner Frau Gemahlin erwarten kann, aus welchen Gründen auch immer, mußte ihm doch jedesmal eine Stimme aus der Vergangenheit in die Ohren donnern: «Du Schwein!»

War er eins? Ist er eins? Sind die Frauen keine, weil sie keine Pornofotos brauchen? Weil sie sich Liebe ohne Sex vorstellen können, nur mit Zärtlichkeit? Weil sie also «sauber» sein können, ohne sich Zwang antun zu müssen? Weil sie als Opfer der Pornographie gelten, auch wenn diese noch nicht in Gewalt umschlägt? Weil sie sich schon beschmutzt fühlen können, wenn sie die Männer mit den Augen derer mustern, die Pornobilder kennen? Entwürdigt diese Lüsternheit? Und wenn ja – wen? Denn wenn man die Zunahme der Pornoshops, Pornofilme, Pornozeitschriften und Pornobücher betrachtet, kann man daraus schließen, daß 50 bis 90 Prozent der Männer Pornokonsumenten sind.

Wäre das ein Fehlschluß, wäre also auch nur die Hälfte dieser 50 bis 90 Männer von hundert Maulhelden, so hätten vermutlich schon unsere Vorfahrinnen in der Würmeiszeit den Kerls die Angeberei ausgetrieben.

Pornographie scheint also eine Reaktion auf etwas zu sein, das sich nicht unterdrücken läßt, weder von Männern noch von Frauen, das aber immer noch so unterdrückt wird, als ob wir noch in einer Zeit lebten, in der alle die zehn Gebote auswendig können und Wollust eine der sieben Todsünden ist.

Todsünde? Auf jeden Fall eine der stärksten Gewalten unseres Lebens, und wer ihr verfällt, verliert unter Umständen mehr als die Würde. Im Lauf einer Talkshow, an der unter anderen eine Pornodarstellerin und Alice Schwarzer teilnahmen, versuchte diese vergeblich, die «Schwester» davon zu überzeugen, daß sie und ihresgleichen zwar gut bezahlt, aber ausgebeutet, vergewaltigt und in ihrer Weiblichkeit beleidigt würde. Die Pornodame fragte: «Wer? Ich?» O nein! Sie täte nur das, was ihr Spaß bereitete, versicherte sich flugs der Zustimmung des Moderators, indem sie ihn fast in die Rippen stieß und fragte: «Ich zeige doch nur, was wir alle tun, nicht wahr?»

Der Mann grinste täppisch und nickte, und damit hatte sie ihn da, wo sie ihn haben wollte. Der Mann als Hampelmann.

Schwester? Diese Solidarität hört da auf, wo der Kampf beginnt, und wer ganz kühl konstatiert, daß Männer – Manche? Viele? Alle? – nicht nur eine Frau brauchen, die sie liebt, sondern auch Bilder von Frauen, die nur das Geschlecht darstellen, der hat diese Männer am Wickel und kann sie manipulieren wie einen Tanzbären am Nasenring.

Auf diese Macht sollte jemand verzichten, weil sich manchmal ein Opfer rächt?

Selbst die Literatur ist voller Beispiele dafür, wie Männer mit diesen Tatsachen fertig werden oder nicht, Qual, Scham, Prahlerei, Mord oder Lust: auf jeden Fall gebunden an den Trieb.

Dieser Begriff ist in den letzten Jahrzehnten aus der Mode gekommen. Man spricht und schreibt nicht mehr vom Sexualtrieb, sondern nur noch von der ersten Silbe. Sex. Das klingt wohl irgendwie schicker, leichter, lustiger, moderner. Davon kann man reden, als wäre es eine Ware, die man aus freiem Willen wählt und konsumiert oder nicht. Ex und hopp und ab dafür – was bin ich für ein Kerl! Und nun die nächste!

Wer aber weiß, daß er in Wirklichkeit keine Wahl hat, sitzt wie eh und je in der Klemme, und das ist seit eh und je kein Spaß. Heimlichkeiten sind der traditionelle Ausweg, aber auch kein Spaß und gerade in einer Zeit scheinbarer Freiheiten demütigender denn je.

Was tut ein junges Mädchen, das allen zarten Liebesgedichten der Welt vertraut hat und einen Mann mit der Herzensglut der ersten Liebe liebt, und dieser Mann greift nach einer ganz anderen, nach der verheimlichten Literatur und schlägt die Pornobilder auf und sagt ihr: «Mach es so und dann so und dann so!»

Und was tut das Mädchen oder die Frau, wenn es nicht der Liebste ist, sondern ein Gewalttäter? Wenn er gegen ihren Willen und unter Zwang das mit ihr macht, was die Pornodame flott als das bezeichnet, «was wir doch alle machen»?

Vielleicht alle Männer, aber gewiß nicht alle Frauen, und deshalb sitze ich selber in der Klemme. Ich kann jede Frau verstehen, die den tötet, der ihr Gewalt antut, und ich zittere, wenn ich mir vorzustellen versuche, ob ich dem «Du sollst nicht töten!» gehorchen könnte.

Ich glaube aber nicht, daß es mich und meinesgleichen rettete, wenn Menschen Verbote formulierten, die ja schwächer wären als das fünfte der zehn Gebote. Wenn wir alle, also die Gesellschaft, nicht darin übereinstimmen, daß es Gefühle und Triebe gibt, die man nicht verheimlichen, sondern beherrschen muß (was nicht mit unterdrücken verwechselt werden darf), daß also zu der so gern und gedankenlos zitierten Menschenwürde der Verzicht gehört wie zur Freiheit das Gewissen, so kann man verbieten und kontrollieren, bis man schwarz wird. Ändern könnte das nichts.

Baerbel Becker

Ein Besuch im Pornoatelier

«Mein Onkel war's, der hat mich vergewaltigt mit 12 und danach hab ich angefangen, Pornos zu malen – auja, das ist gut, von der Heidi zur Hure. Nein, oder noch besser: ich gebe keine Interviews, ich hab Angst davor, ich bin schon mal nach einem Interview vergewaltigt worden, das freut die Alice Schwarzer, ja, das mußt du schreiben.» Sabina grinst mich von oben herab an. Ich muß zu ihr hochschauen, sie ist über 1,90 m, aber es kann auch weniger sein. Ich will sie danach nicht auch noch fragen. Denn sichtlich ist das Frage-Antwort-Spiel nicht ihr liebstes. «Im Moment hab ich wenig Lust auf ein Interview oder ähnliches, da mein Kopp wo ganz anders steht», schrieb sie mir und legte eine Zeichnung bei, wo eine Hand den aus der «Verankerung gerissenen» Penis hochhält.

Sabina von der Linden, Pornomalerin aus Holland. Ich rufe sie an. «Die Fotokopie kann ich leider nicht brauchen, vielleicht hast du ja Fotos oder Dias, die ich mir mal anschauen kann. Wann paßt es dir denn?» Ich wittere eine Chance. Wenn ich erst mal da bin, wird das mit dem Interview schon klappen. «Entweder sehr früh oder sehr spät um 0.00 Uhr», sagt sie. Sehr früh ist mir lieber. Um 11.00 Uhr steh ich vor der Tür und muß zugeben, richtig aufgeregt zu sein. 3 × Klingeln, die Tür geht auf. Bin ich jetzt enttäuscht? Kein Vamp in SM-Klamotten, mit laszivem und lüsternem Blick öffnet, auch Ketten und Peitsche fehlen, vor mir steht eine gemütlich verschlafene Frau Anfang 20 im Bademantel, kurze blondgefärbte Haare, pinkig bemalt die Fuß- und Fingernägel, 'ne selbstgedrehte «Schwarzer Krauser» in der Hand. «Willste auch 'n Kaffee?»

Ich geh in dem großen Zimmer auf das Matratzensofa zu und

sitze. Verwahrlost ist das erste, was mir einfällt. Klamotten kreuz und quer, abgekratzte Tapetenreste und blanker Putz, gelbe Farbkleckse auf dem ehemals silbrigen Fußboden, am Bett ein angelesenes, getrödeltes grünes Buch: «Wo Männer noch Männer waren», die ehemals weißen hochhackigen Sandaletten, sicher Modell für die, die sich sonst in die Schwänze von Sabinas Bildern bohren, das gelbgraue Telefon steht angenagelt auf einem Holzbrett an der Wand direkt neben dem großen Acrylgemälde, dem gelben, an dem sie gerade malt für eine Ausstellung in Düsseldorf, mit viel Gelb, das überall ist, auch am schwarzen Tablett, auf dem sie den Espresso reinbringt, am Aschenbecher und an ihren Händen. Automatisch schaltet sie den Fernseher ein, schwarz-weiß, farbig nur durch das Gelb, das Besagte. «Du hast dein Tonband mitgebracht?» Ich fühl mich erwischt. «Na ja, ich dachte, vielleicht, ich hab dein Interview in der TAZ gelesen.» Sie lacht. «Ja, witzig, nicht? Der W. hat das gemacht, als ich in Italien war. Der ist mittlerweile gut in mir drin. Ich hab noch nie ein Interview gegeben.»

Aha, was Grundsätzliches. Starallüren, Scheu? Aber nichts dergleichen. Sie hat nur ihren Kopf wo ganz anders stehen. Wo denn eigentlich? «Kann ich mir wenigstens ein paar Notizen machen?» – «Nee, du kannst doch auch so was schreiben. Denk dir was aus, was Lustiges. Hier sind die Bilder.»

Aus einer Pappkiste kramt sie die Dias. Der rote Dia-Gucki ist gelbgesprenkelt. «Das find ich ziemlich eklig», sag ich beim Anblick des Scheiße fressenden Mannes. «Ja, ich auch.» – «Und warum malst du so was?» – «Mmh, ist doch lustig.» Jetzt denke ich ein ‹Mmmmh›. Eklig und lustig verbinde ich z. B. mit Situationen, wo ich als Kind mit meiner Scheiße gespielt hab, die Häufchen aus dem Topf genommen und sie den Erwachsenen stolz präsentierte. Das fanden die eklig und ich nicht. Und je lauter der Protest, desto lustiger das Spiel. Süß, diese kindlichen Trotzphasen. Und hilflos meine Bemühungen, an Sabinas Bildern rumzuinterpretieren.

Im Fernsehen gibt's Motorrad-Clubs für Frauen. Sabina kramt weiter. «Hier sind noch Postkarten, die zwei schenk ich dir. Kannst du ja zu Weihnachten verschicken.» Stille Nacht mit klaffender

Möse. Das wird 'ne schöne Bescherung, denk ich. «SM von der Linden, steht das eigentlich für Sado-Maso?» frag ich ganz unbedarft. «Das ist ein glücklicher Zufall. Ich heiße Sabina Maria.» Sie kichert.

Am Klobecken ist auch gelbe Farbe, passend zur Klolektüre im winzigen Waschbecken: «Lohnsteuer '88, Kleiner Ratgeber für Lohnsteuerzahler.»

Der Raum hat sich inzwischen verändert. Ich seh kein Chaos, keine Verwahrlosung mehr – ohne Aufräumen, einfach so. Ich dreh mir auch 'nen Schwarzen Krauser und schiebe die Tasche mit dem Tonband endgültig zur Seite. «Ist das nicht ein unheimlich hartes Geschäft, in dem du arbeitest, das sind doch sicher nur Männer, oder?» Sie nickt. «Alles Gangster. Guck», sie holt ein Buch unterm Bett vor, «auf allen Zeichnungen haben sie rumgeschmiert, da, wo ich die Konturen z. B. an den Oberschenkeln so verschwimmen lassen wollte, haben sie mit weiß was noch hervorgehoben, oder hier auf dem Lederkorsett, weiße Punkte draufgemalt. Die Zeichnungen kann ich wegschmeißen.» Dabei hat sie den Vertrag schon von einer Rechtsanwältin aufsetzen lassen. «Die Originale müssen in unverändertem und einwandfreiem Zustand binnen 5 Wochen wieder zurück sein.» – «Und dann», sie zeigt mir die Akte – warum bin ich eigentlich so überrascht, daß sie einen richtigen Ordner für den Briefwechsel angelegt hat? – «kamen die Originale so versaut zurück. Die wollt ich noch weiterverkaufen.» Entschädigung hat sie nicht bekommen. Dem Gericht gefielen diese weißen Striche und Sprenkel. Von «Verschandelung» der Werke könne keine Rede sein. Vielleicht waren für sie die Zeichnungen ja schon Schande genug.

«Warum malst du eigentlich solche hardcore-Pornos?» – «Ich hab keine Lust mehr, in Bars und Puffs zu arbeiten.» – «Kommt daher auch der Haß in manchen Bildern?» – «Mmmh, was heißt Haß?»

Ja, stimmt, Haß ist es auch nicht, eher Kälte. Z. B. in dem großen gelben Bild mir gegenüber, an dem sie gerade arbeitet. Ich sehe ein explodierendes rundes Gelb in der Mitte, fast wie ein Vulkan, der zum Rand hin orange, fast rot wird. Und als wären sie aus dem

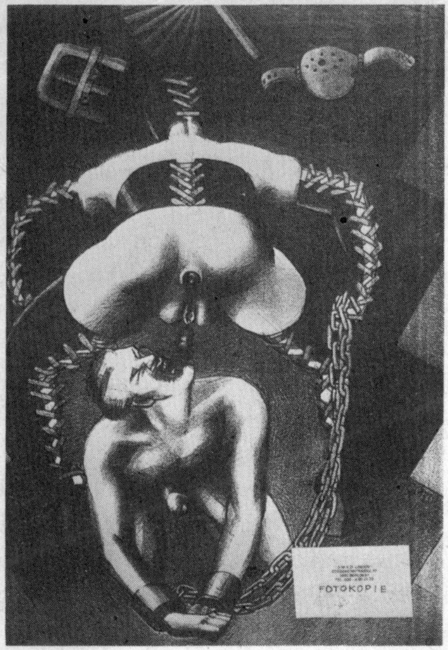
FOTOKOPIE

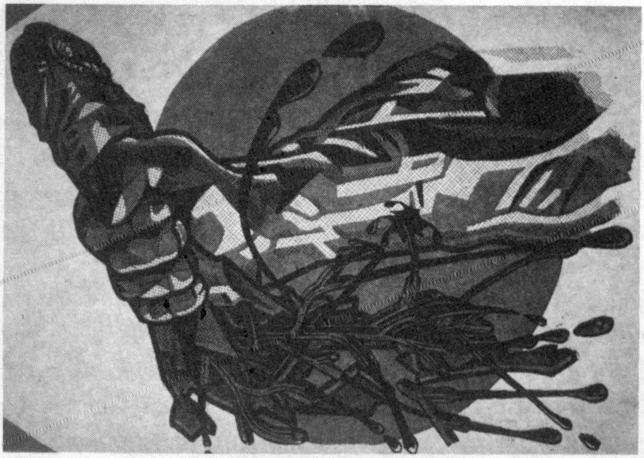

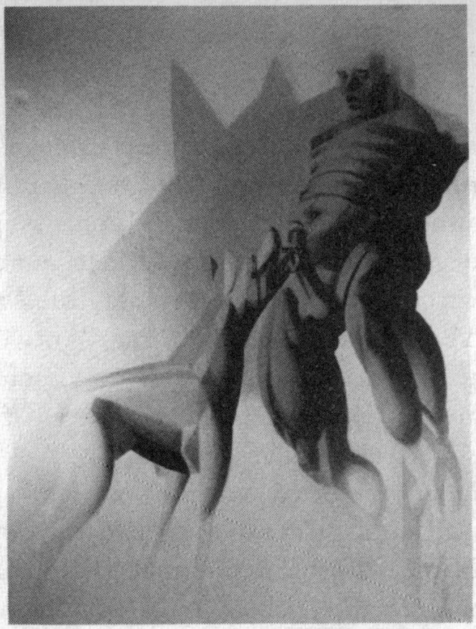

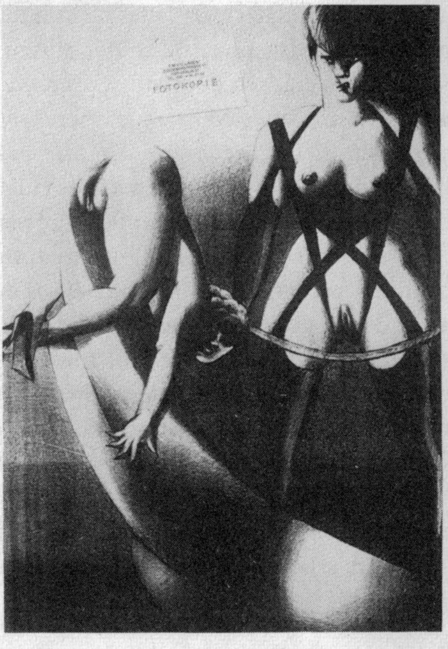
FOTOKOPIE

Innern des Bildes geschleudert worden, fliegen rund um diesen gelben Ball Körper nach außen, Einzelteile, ganze Menschen, noch nicht fertige.

Ihren Gesichtsausdruck kann ich nicht erkennen, sind das jetzt zerrissene Personen, auf ihre Geschlechtsteile reduziert, aufgegeilte oder gequälte, ich weiß es nicht. Auf jeden Fall fällt das Bild unter Pornographie – wie auch immer. – Ich frage weiter: «Woher weißt du denn, was gerade schwule Männer aufgeilt?» und erhalte nur ein kurzes: «So 'n großer Unterschied ist das doch gar nicht» zur Antwort. Ich starte noch einen Versuch, um das leidige Frage-Antworten zu beenden: Vielleicht könnte sie ja jedem Bild, was sie herausgesucht hat, einen Satz, einen Titel, einen Namen geben. Keine Chance. Ich soll die Bilder selbst beschreiben. Sie malt.

Basta. Und jetzt kann ich damit machen, was ich will. Ich kann die Bilder eklig finden, oder geil, oder lustig, oder irgendwas anderes. Das ist dann jetzt wohl mein Problem. Sie malt. Ich kapier immer weniger von dieser Frau, die neben mir sitzt, die mir einerseits zeigt, daß sie das alles nicht interessiert, die aber trotzdem sehr hilfsbereit ist, mir ihre Bilder rauszusuchen. Die sich amüsiert über mich, wenn ich dauernd wissen will, warum sie diese Bilder malt, warum sie sich gerade dieses Männergeschäft aussucht, warum sie nicht irgendeine Theorie präsentieren kann, warum. Und – ich geb's ja zu – ich hätte es nur zu gern gehört, daß sich hinter ihren Bildern eine kämpferische Idee verbirgt, eine frauenbewegte, eine verändernde, anklagende, brüskierende – irgendwas, womit ich was anfangen könnte. Aber einfach nur so Pornos malen, in denen mal der Mann, mal die Frau das unterdrückte und gequälte Wesen spielt – mir fällt auf, daß sich bei mir was dagegen sperrt. Vielleicht weil es mich nicht an die Hand nimmt, mir keine Utopien vorlegt, mit denen ich mich identifizieren kann, mich auch nicht animiert, erregt oder an geheimen Gefühlen kratzt, die in meiner Tabu-Ecke vor sich hinschlummern. Es ist mir einfach zu wenig und ich spüre die Ur-Ur-Großmutter in mir, die sich über die Jungen erhebt und ihnen vorwirft, nicht weiterzumachen in dem von uns begonnenen Kampf um die Sache, die höhere, wichtige, entscheidende für die Zukunft, ihre Zukunft, die Zukunft der Frauen. O Gott, jetzt werd ich vollends zum Ideologie-Moralapostel. Anspruch und Wirklichkeit.

Der Kaffee ist ausgetrunken, das Fernsehprogramm geht zur Kinderstunde über, Sabina muß weiterarbeiten an ihrem gelben Bild. Eine letzte Frage: «Was hältst du von der Anti-Pornographie-Kampagne und dem Gesetzentwurf gegen Pornographie in der EMMA?» Davon hat sie noch nicht gehört. Aber sie hält nichts davon: «Und das sag ich nicht nur, weil ich davon lebe. Ich denke, daß solch ein Gesetz ein Rückschritt ins Mittelalter ist, es wird nicht aus den Köpfen verschwinden, sondern nur aus der Öffentlichkeit. Und die Angriffe auf Frauen werden dadurch auch nicht weniger.» Sie nervt das genauso. Gestern hatte sie einen dämlichen geilen Anruf und heute morgen standen zwei komische Typen vor der Tür. Wenn sie jetzt umzieht, besorgt sie sich eine Geheimnummer. «Das hat sich wohl rumgesprochen, daß du Pornos malst?» – «Klar ist das der Zusammenhang, aber denkste du würdest so was mit einem Gesetz in den Griff kriegen?»

Das denk ich übrigens auch, aber aus ihrem Mund klingt das so, als würde es sie eigentlich nicht interessieren, nicht wirklich. Sabina hat sich zurückgezogen und beschäftigt sich mit sich selber, mit ihren gelben Bildern, den blauen, grünen oder schwarz-weißen. Nur, wenn jemand versucht, sie schräg anzumachen, dann spürt sie auch die Wut, die alltägliche, der im gegenüberliegenden Haus in der «Elefanten Press Galerie» gerade eine Ausstellung gewidmet ist. Wenn ich mich auf Sabinas Matratzensofa umdrehe, kann ich genau ins Fenster gucken, der ausgestellten Frau aus Gips direkt in die Augen sehen, in die leeren, hoffnungslosen, die keine Kraft mehr für eine Wut oder Gegenwehr haben.

Eine verrückte Situation, und ich sitze hier mittendrin. Zwischen Fiktion und Wirklichkeit. Oder besser, zwischen zwei Fiktionen, die auch Wirklichkeit sind.

Beim Abschied auf der Treppe sagt Sabina: «Du kannst mich ja noch mal anrufen, wenn du nicht weiterkommst.» Das war ernst gemeint und, wenn ich wüßte, wie sie mir weiterhelfen könnte, würd ich sie bestimmt anrufen. Aber – was soll ich sie noch fragen, ohne daß ein Vorwurf mitschwingt? Warum sie so zurückgezogen lebt und lieber malt als redet? Oder, warum sie weiter für diese Porno-Gangster arbeitet, statt sich mit anderen – Frauen vielleicht? – zusammenzuschließen, um was zu ändern? Würde sie mir erklären können, warum ich bei ihren Bildern keine Lust, sondern Kälte empfinde?

Beim Runtergehen geht mir durch den Kopf, wie absurd der Gedanke an ein abschließendes «Sabina Maria von der Linden, wir danken Ihnen für das Gespräch» – statt dessen guck ich mir meine rechte Hand an, vielleicht ist ja beim Händedruck ein bißchen Gelb hängengeblieben. Das wär was Handfestes gewesen.

Helmut Ziegler

Der Steindamm, die Sündfluth.

«Girls, boys,
cars, films,
arts, pleasure,
hush, love,
sex, money,
violence, religion,
justice, death.»

Pet Shop Boys

«Nevada». – Früher einmal war es ein Spielsalon, blinkend, glitzernd, billig. Heute ist hier, obwohl der Name der alte geblieben ist, ein Sex-Versorgungswerk eingerichtet worden. Auf drei verschiedenen Ebenen kann der geneigte Kunde – Frauen wurden hier, mit Ausnahme einer nebenberuflich tätigen Kassiererin, einer Putzfrau für die abwaschbaren Kabinen und den gelegentlich vor dem Eingang postierten Prostituierten, bisher nicht gesichtet – wählen zwischen normalen Kabinen mit 32 oder 64 verschiedenen Video-Programmen und Regie-Kabinen, in denen zwar nur 16 verschiedene Filme gezeigt werden, ihm dafür aber schneller Vor- und Rücklauf sowie Zeitlupe und Standbild zur Verfügung stehen. Nur an Wochenenden werden auch Live-Peep-Shows vorgestellt, einmal im Monat sogar sogenannte Pärchen-Shows, abwechselnd homo- und heterosexuell.

Nebenher werden in einem separaten Raum die obligatorischen Artikel feilgeboten: Hochglanz-Magazine zwischen Fist-Fucking und Sodomie (nur unter dem Ladentisch erhältlich), zwischen Teenager-Sex und «Wassersport», zwischen Super-Brüsten und

Lederdominas. Gummipuppen in verschiedenen Variationen, mit und ohne Echthaar. Vibratoren in allen Größen, Formen und Farben. Penisringe zur Verlängerung der Erektion, Cremes und Tropfen, die den gleichen Zweck erfüllen sollen. So weiter, so fort...

Das «Nevada» ist in kühlen, sachlichen Farben gehalten – Neon-Blau und Silber dominieren, ab und zu mit einem Spritzer Rot garniert. Der Fußboden ist imitiertes Marmor, die Wände, sofern nicht von Kabinentüren unterbrochen, sind auf die Grundtöne abgestimmt. Die Musik ist laut, sehr laut und von der Straße her nicht von der Beschallung einer Diskothek zu unterscheiden. Nur gelegentlich werden auch Nachrichten eines lokalen Rundfunksenders – ohne Dimmen der Lautstärke – in das schlauchförmige Geschäft geblasen.

Vereinzelt gehen Männer umher. Zu dieser Jahreszeit, es ist Herbst, werden gern die Mantelkragen hochgeklappt. Allen Männern ist eine spürbare Distanz zueinander gemein, ein gesenkter Blick, der häufig als Unsicherheit oder das Wissen um das Tun von Verbotenem ausgelegt wird. Wenn die Kunden hereinkommen, blicken sie sofort an die Programmtafeln oder auf einen der vielen, übereinandergestapelten Monitore. Wenn sie nach Erlöschen der dezent-unübersehbaren roten Lampe über der Kabinentür das «Nevada» wieder verlassen, haben sie in der Regel kein Wort gesprochen, zupfen vielleicht noch kurz an ihrer Kleidung und gehen starren Blickes wieder...

...hinaus auf den Steindamm. Eine Straße in St. Georg, der zweiten Garnitur in den Red-Light-Distrikten der Freien und Hansestadt Hamburg.

Programm 14

Robert Blai. – mitten heraus aus dem Provinznest mit der vierstelligen Postleitzahl, dem Vorbild für Ödendorf-Ost, und mitten hinein in die mit Purzelbäumen kapriolende Pubertät – so war ich in die Großstadt gezogen, nach Hamburg, zum «Tor der Welt». Genaugenommen hatte ich selbst nicht aktiv gehandelt. Meine Eltern waren aus beruflichen Gründen übersiedelt und hatten mich schlicht mitgenommen. Aber dererlei feine Differenzierungen waren mir gleichgültig. Hauptsache Hamburg. Dort, wo ich aufgewachsen war, sah ich Kühe, Kühe, immer nur Kühe. Und jeden dritten Donnerstag im Monat schenkte mir meine Mutter ein Stück originelle Seife, von der Avon-Beraterin ausgewählt. Natürlich war mir die Seife egal, nur einmal war sie geformt und bemalt wie Donald Duck. Nach dem ersten Baden war sie nur noch ein unförmiger, matschigweicher Klumpen. Das machte mich traurig.

Meine Eltern feierten die Einweihung ihres kleinen Reihenhauses mit Vorgarten und 20 Quadratmeter Rasenfläche nicht. Zum einen lagen zu hohe Hypothekenlasten auf dem Haus, zum zweiten hätten sie nicht gewußt, wen sie einladen sollten. So mußte ich auf das Kennenlernen neuer Menschen bis nach den Herbstferien warten.

Das Debüt war wenig feierlich. Mit meinen olivgrünen Breitcordhosen und dem übergroßen Bundeswehrparka wurde ich milde, aber skeptisch angegrinst. Glücklicherweise wurde gleich am zweiten Tag eine Mathematikarbeit geschrieben. Berechnungen im Koordinatensystem fielen mir schon immer leicht, dem Streber verursachten sie hingegen erhebliches Gehirnächzen. Jede Klasse hat einen solchen Streber, meist ist er auch dicker und schwitzt leicht, seine Kleidung wird von der Mutter bestimmt, und er wird zu schnell rot. Jeder in der Klasse freut sich auch, wenn der Streber, der vermutlich noch nachts unter der Bettdecke lernt, einmal nur zweiter wird.

Jetzt wurde ich also eingeladen, war akzeptiert auf den frei floatenden Klassenparties, wo es immer etwas zu trinken und zu knutschen geben sollte. Da ich vom einen zu viel zu mir nahm, bekam ich das andere nicht mehr so recht mit. Ich hege aber die Vermutung, daß sich nichts Himmeleinstürzendes tat, während ich einsam auf dem Klo vor mich hin spie. Unsicheren Ganges, fröhlich mit dem Kopf wackelnd und in großzügigen Diagonalen wankte ich zur nächst gelegenen Bushaltestelle; Feuertaufe bestanden. Bis der Busfahrer mich aus seinem Fahrzeug warf, weil mir das Bier wieder aus dem Hals auf den Boden tropfte. Nie wieder Bier, schwor ich mir, als ich endlich nach Hause kam und mir den mitleidigen Blick meiner Mutter fing.

Doch der Schwur ward vergessen, wie der gesamte vorherige Abend übrigens auch, als Klassenkamerad Ronald anrief. In der Stadt, so Ronald, gastiere im ehemaligen «Henderson» (ich getraute mich nicht, detaillierter nachzufragen) die «Bravo»-Nacht, eine Festivität ersten Ranges. Bands würden auftreten, Discjockeys die Hits der Saison spielen und es gäbe bestimmt «Mädchen zu greifen». Flugs war ich einverstanden, die Erlaubnis der Eltern nur mehr Formsache. Bald darauf juckelten und ruckelten wir drei, Ronald, sein Freund Peter und ich, über den Steindamm. Zuerst mutmaßte ich, ich befände mich auf der Reeperbahn, der «sündigsten Meile der Welt», aber Ronald klärte mich auf. Der Steindamm unterscheide sich doch erheblich von der Reeperbahn, zumindest im Niveau (wieder mochte ich hier nicht einhaken). Was die Preise betrifft allerdings ... und tatsächlich, sie schienen mir über Gebühr hoch.

Eintritt nur eine Mark! So las ich es auf einem plüschroten Plakat. Das schien mir eher ein Preis nach meinem Herzen. Um Ronald nicht mit lästigen Fragen zu befallen, schlug ich vor, doch dort einmal vorbeizuschauen. Ronald und Peter lächelten sich verschwörerisch zu. Hier geht es aber nicht zur «Bravo»-Nacht, höhnte Ronald. Ich weiß, gab ich souverän retour. Und schon standen wir mitten drin.

Zu dritt stürmten wir, die lauthals durch den Raum hallenden Verbote der Kassiererin mißachtend, in eine der Kabinen. Ich hatte es vorgeschlagen, ich mußte bezahlen. Etwas nervös fingerte ich ein Markstück aus meiner Hosentasche. Es verschwand im Schlitz. Die Klappe hob sich, man hörte einen kleinen Elektromotor singen, Sekunden später konnte man ihn auch sehen. Und sie.

Sie war etwa dreißig Jahre alt, und in meinem Alter ist das sehr alt. Sie hatte nichts an, außer ihrer schwarzgefärbten Haare, ein kleines Goldkettchen um das Fußgelenk und einem tätowierten Schmetterling auf dem linken Oberarm. Ungelenk zappelte sie auf einem runden Teller herum, der sich langsam drehte. Was passiert, wenn der Teller aufhört, sich zu drehen, überlegte ich, muß sie sich dann auch noch drehen oder reichen die vielen hier verklebten Spiegelfolien aus? Und warum macht sie hier vor allen Leuten, coram publico Gymnastik? Aber ich möchte nicht altklug erscheinen – eine gewisse Ausstrahlung hatte sie schon. Immerhin war sie die erste Frau, die ich nach meiner Mutter und meiner kleinen Schwester total splitterfasernackt sah.

«Na, ihr Kleinen, seid ihr neugierig, he?» Ihre Stimme, unterdrückt hämisch, war deutlich zu hören und fuhr mir direkt in die Leistengegend.

Aber da war die Trennscheibe schon wieder heruntergesurrt. Laut lachend und mit leicht geröteten Köpfen drängelten wir uns aus der Kabine. Die Kassiererin schimpfte von neuem. Wir rannten nach draußen und taten so, als wäre nichts gewesen. Ganz die Männer von Welt.

Programm 37

Paul Korsch. – Man muß alles in den richtigen Relationen betrachten. Ich bin nie ein Freund von Extremen gewesen. Ich verfüge über eine solide zweijährige Berufsausbildung, habe die Bundeswehrzeit ordnungsgemäß hinter mich gebracht, sogar mit einer Anerkennung für vorbildliche Pflichterfüllung, und Freude an meinem Beruf. Außerdem ist es eine sichere Stellung, nicht zu verachten in diesen Tagen. Sie versorgt mit regelmäßigem Einkommen, so müssen wir nicht hungern und nicht frieren. Und einen Mittelklassewagen besitzen wir auch. Im allgemeinen wird der Beruf des Bankkaufmanns ja als langweilig eingestuft, aber dem ist nicht so. Verwaltung gibt es überall, sie ist überlebensnotwendig. Und wenn ein kleiner Junge sein erstes Sparschwein an den Kassenschalter trägt, hat dieser Moment etwas Rührendes.

Meine Frau nennt es Sentimentalität, und ich muß ihr zustimmen. Aber so bin ich nun einmal. Es ist nicht mehr zu ändern, und meine Frau weiß dies, hat es gleich zu Beginn erkannt. Ja, wir sind glücklich miteinander. Das eine Kind befindet sich noch vor seiner Pubertät, darauf sind wir vorbereitet. Unsere älteste Tochter hat uns durch alle nur vorstellbaren Torturen gejagt. In ein paar Monaten will sie mit ihrem jetzigen Freund zusammen eine Wohnung beziehen.

Ja, wir sind wirklich glücklich. Natürlich haben sich in den Jahren viele Gewohnheiten eingeschliffen, und das anfängliche Feuer lodert nicht mehr so hoch. Aber...

Wie bitte? Ob ich deswegen hier bin? Sicher, auch. Ein erotisches Spannungsverhältnis ohne Formen der Dressur aufrechtzuerhalten ist anstrengend. Manchmal komme ich abends heim und möchte nichts mehr, als in Ruhe gelassen werden. Meiner Frau, die teilzeitig aushilft im Studentensekretariat, der geht es zu Beginn des Semesters ebenso. Die Arbeit macht einen manchmal doch so fertig, daß es nicht einfach ist, sich aufeinander zu konzentrieren.

Aber nein, natürlich ist dies nicht der einzige Grund. Ich mag Pornos. Nein, eben nicht als Ersatz, sondern als Ergänzung. Ich schlafe doch trotzdem mit meiner Frau, auch wenn ich ab und an hier hereinschneie, und ich schlafe gern mit ihr, wie auch anders. Aber wie schon angedeutet, wenn ich fertig, über- oder ausgereizt bin, dann komme ich ins «Nevada», wähle aus und vernüge mich ein paar Minuten mit mir. Ich habe nie etwas von der Trennung in Kopf und Bauch gehalten, deswegen betrüge ich meine Frau ja gerade nicht. Sobald ich daheim bin, gehöre ich ihr ganz.

Einstiegsdroge? Ist doch nicht Ihr Ernst. Erst in die Peep-Show, später vergewaltigen und brandschatzen, anschließend kleine Mädchen am offenen Feuer verzehren? Ich bitte Sie. Im Ernst, natürlich kann man nie ausschließen, daß sich Männer, die Pornos konsumieren, dargebotene Verhaltensmuster aneignen. Goethe konnte das auch nicht, als er seinen Werther schrieb. Natürlich zeigen Pornos eine Männergesellschaft, so wie sich Männer ihre Gesellschaft halt vorstellen. Das ist nun wirklich jedem Primaner bekannt, eine Binse von Weisheit. Jeder von Männern produzierte Film, jede von Männern gemachte Politik ist so. Gegen Pornographie zu wettern, ist eine Sache und sicherlich nicht ungerechtfertigter als gegen Aufrüstung, Hunger oder vollgekackte Bürgersteige zu sein. Aber das Problem wird nicht gelöst, so wird nur an Symptomen herumgedoktert.

Ich sage in aller Deutlichkeit, liebe Freunde, und das sage ich auch den Bürgern draußen in diesem unseren Lande, eine Zensur findet nicht statt. Wenn wir als Bundesregierung trotzdem für das Verbot der Pornographie streiten – aber lassen wir den Unsinn. Die Frage eines Verbots stellt sich doch ganz pragmatisch. Untersuchungen, pah! Untersuchungen haben ergeben, daß Untersuchungen ergaben, daß Untersuchungen nichts ergeben und umgekehrt. Nein, nein, mit Untersuchungen können Sie alles beweisen. Ich bevorzuge zur Beweisführung die Historie. Und ich sage nur: Prohibition. Und? Gesoffen haben sie wie die Bekloppten da drüben in Amerika, totgesoffen haben sie sich an ihrem selbstgebrannten Fusel. So schaut's aus, der Herr.

Ich mich nicht echauffieren! Dummheit regt mich immer auf, jedes Mal aufs neue.

Natürlich nicht. Natürlich würde eine totale Freigabe auch nicht sicher bewirken, daß weniger Frauen mißhandelt und geschändet würden. Den Geschlechterkrieg fördern würde es allerdings ebensowenig zuverlässig. Vielleicht würde sich nur ein Kriterium herumsprechen, welches nutzbar wäre: ein ästhetisches Kriterium, kein moralisches. Die meisten Porno-Filme und -Hefte sind doch entsetzlich langweilig. Immer nur Reduktion auf den Körper, immer nur monotones Bumsen. Zu siebzig Prozent sind die Darsteller außerdem ungepflegt, haben dreckige Fingernägel und schmierige Haare. Und dann diese Wohnlandschaften, in denen sich alles abspielt, frühes Tertiär der Einrichtungskultur.

He, könnt ihr nicht aufpassen, ihr Lümmel?

Haben Sie diese Jungen gesehen, die so verschämt-launig hier rausgerannt sind? Halten Sie die wirklich für zukünftige Perverse und Frauenquäler?

Warum ich mir die Filme anschaue, wenn sie doch so öde sind? Gute Frage, muß ich mal ernsthaft drüber nachdenken. Vielleicht ist man schon derart auf Wiedererkennung konditioniert, daß man genau die daraus entstehende Langeweile zum Überblicken der Situation braucht. Möglich.

Kennen Sie dieses Video von Sabrina, «Boys»? Wo man immer

darauf wartet, daß ihr der BH platzt? Jedesmal wieder? Vielleicht liegt ja auch an der Polyvalenz der Bilder, dieses Wort hat meine Frau mit nach Hause gebracht, ich bemühe mich, jeden Tag ein neues Wort zu lernen, Sie wissen ja, Stillstand ist Rückschritt, also der Ton der Filme ist ja nie zu hören bei dem musikalischen Gewitter hier, vielleicht ist auch das der Reiz.

Fragen Sie mich in einem halben Jahr noch einmal. Oder den alten Herrn dort.

Wie? Ach so, gern geschehen. Da nicht für.

Programm 64

Erwin Lobrewski. – Ich hasse es, wenn mir dieses junge Gemüse so vor den Augen herumspringt, schoß ihm durch den Kopf, als er behäbig das «Nevada» betrat. Es ist immer dasselbe. Frech, ungehobelt. Und so unwissend, seufzte er.

«Bitte?» fuhr der Mann neben ihm zusammen.

Ach, nichts, sagte er und entschuldigte sich höflich.

Er kam nicht allzu oft hierher. Er sei nicht mehr so gut zu Fuß, sagte sein Arzt immer, und daß er sich schonen solle. Daß hatte er zwar damals bei Emilie auch gesagt, und dann war sie daher doch gestorben. Gott hat sie zu sich genommen, stand damals in der Todesanzeige im «Hamburger Abendblatt», immerhin ein kleiner Trost. Seither versorgte er sich notdürftig selbst, Essen aus Dosen und viel frisches Obst, dazu Kaffee und abends, vor dem Fernseher, ein, zwei Flaschen Holsten. Ein Bier, auf das er nichts kommen ließ, er trank es seit Jahren. Den Müll runtertragen, abwaschen und die Wohnung fegen, das schaffe ich schon noch, hatte er häufige Hilfsangebote aus der Verwandtschaft abgewiegelt, bis sie immer seltener wurden.

Warum er eigentlich doch immer wieder über den Steindamm wanderte, wußte er nicht zu sagen. Er wohnte halt schon seit Jahren in St. Georg und fühlte sich zu alt, um sich noch einen kleinen netten Park mit einem Ententeich zu suchen. Sein Enkel, er studierte irgendwas mit -logie, machen sie ja alle heute, hatte ihn einmal darauf angesprochen. Opa, hatte er gesagt, das ist wie mit den

Zombies. In diesem Film von... von... er hatte den Namen vergessen. Dort wandeln die Zombies, lebende Tote, verstehst du, immer wieder zu diesem Einkaufszentrum hin, hatte sein Enkel ihm erläutert, obwohl sie dort gar nichts mehr kaufen können. Sie essen ja nur warmes Menschenfleisch. Aber irgendein stumpfer Trieb schickt sie dort hin, irgendeine verblaßte Erinnerung. Das vergilbte Unbewußte. Noch wenn sie tot sind, beten sie die falschen Götzen an, denen sie auch ihr Leben gewidmet hatten.

Er hatte nichts von dem verstanden, schließlich hatte er immer nur als Dreher gearbeitet, von seiner Zeit als Soldat der deutschen Wehrmacht und in russischer Kriegsgefangenschaft einmal abgesehen. Heute war die Jugend viel klüger. Aber auch respektloser, hilflose Wut stieg wieder in ihm auf, die Bengel hätten ihn beinahe umgerannt.

Er schaute sich die Glasvitrinen an, in denen die Video-Cassetten ausgestellt waren, die man sich in den Kabinen anschauen konnte. Sollte er oder sollte er nicht? Lange hatte er immer wieder vor diesen Schaukästen gestanden und war doch nie zu einer Entscheidung gelangt. Eigentlich reichte es ihm, hier herumzustreifen, sich die Bilder anzuschauen – sie lösten ohnehin nichts mehr aus, das war schon lange vorbei, weshalb er sich auch nie ein Porno-Heft gekauft hatte –, hier in der Wärme zu stehen und unter Menschen zu sein. Sie hatten ja versucht, ihn in ein Altenpflegeheim zu stecken, vermutlich glaubten sie, er würde ihnen auf die Dauer zur Last fallen. Da kannten sie ihn aber schlecht.

Sollte er oder sollte er nicht?

Er drückte eine Klinke herunter. Oh, Verzeihung! Die Tür war von innen abgesperrt. Er hatte das Rotlicht übersehen. Die Vorstellung, daß er jetzt in der Kabine jemanden erschreckt hatte, der nun wieder von vorn anfangen mußte, gefiel ihm und ließ ihn feixen. Mit spitzbübischer Sicherheit ging er jetzt durch das «Nevada» und drückte alle Klinken, über denen das rote Licht brannte. Er kicherte belustigt und begann, an den Türen regelrecht zu rütteln. Aufmachen! Polizei! hätte er rufen sollen, aber das wäre zu viel des Guten gewesen. Hoppla, jetzt hatte er schon wieder nicht aufgepaßt und versehentlich die Tür einer unbesetzten Kabine aufgedrückt. Aber egal, dann sollte er eben.

Die Kabine war kleiner, als er vermutet hatte. Damals, murmelte er, in den Schützengräben, da hatten wir mehr Platz. Umständlich kramte er sein Kleingeld hervor. Er hatte kein Markstück. Doch der Automat schluckte auch anderes Silbergeld, und so warf er zwei Mark ein. Der Spiegel an der Tür, zum Greifen nah, flimmerte kurz. Dann war das Bild klar. Eine junge Frau, zu blond für seinen Geschmack, lag auf diesem Stuhl beim Frauenarzt. Zwischen ihren Beinen kniete ein Mann im weißen Kittel, die Hose heruntergelassen. Seine Zunge spielte an ihrer Scheide. Eine andere Frau, auch in einem weißen Kittel, vielleicht die Praxishilfe, saugte wiederum am Penis des Mannes. Emilie hatte sich ja manchmal beschwert, wenn sie von einer Untersuchung beim Frauenarzt zurückkam. Die Instrumente seien immer so metallisch kalt gewesen, und der Arzt hätte in ihr «richtiggehend herumgefuhrwerkt». Er hatte nie etwas dazu sagen können, außer, daß das wahrscheinlich so sein müsse. Emilie hatte ihn dann immer recht böse angeschaut.

Aber Emilie blieb nie lange grimmig. Sie war einfach eine herzensgute Frau. Das hatte er gleich gesehen, als er sie auf diesem Frühlingsball im Hotel «Drei Eichen» kennengelernt hatte. Den Smoking mit dem weißen Einstecktuch besaß er noch immer, auch wenn er ihm längst zu eng geworden war. Wann hatte er ihn eigentlich zum letztenmal getragen? Richtig, auf der Hochzeit seines ältesten Sohnes, Wilhelm, Willy genannt. Die Ehe war vor Jahren gescheitert, aber sein Enkel, dieser neunmalkluge Junge, der machte ihm viel Freude. Alle zwei Wochen besuchte er ihn, erzählte von der Universität und seinen Nebenjobs und seinen häufig wechselnden Freundinnen. Und dann schleppte er ihm immer mehrere Eimer Kohlen aus dem Keller hoch, für ihn, der es mit dem Rücken hatte, war das ja recht schmerzhaft. Die langen Jahre, immer über die Drehbank gebeugt...

Über die Frau gebeugt, jaulte der Arzt kurz auf und ergoß sich in Strömen. Dann flimmerte der Spiegel wieder und blieb anschließend blind.

Der alte Mann erhob sich und verließ die Kabine. Auf dem Steindamm regnete es, als er nach Hause schlappte. Sein Gesicht wurde feucht.

Programm 28

Michael «Miko» Ratzloff. – Der Schal, sein Markenzeichen, flatterte dynamisch im Wind. Er wußte, daß es ziemlich dämlich ausschauen mußte, immer und überall mit einem grünen Schal herumzulaufen, aber es half den Leuten, ihn wiederzuerkennen. Und darauf kam es schließlich an, nicht in der gesichtslosen Masse unterzugehen. So hatte er es schon immer gehalten, so sollte es bleiben.

Federnden Schrittes bog er links vom Steindamm ins «Nevada» ein, ohne die von ihm Überholten eines Blickes zu würdigen. Er hatte heute keine Zeit für Menschen, nur für Orte. Ja, das sah gut aus. Nicht so ein Sperrholz-Schmuddel-Surrogat, wo sich potentielle Lustmörder zu treffen schienen, sondern 1a-High-Tech.

Er war kein Vertreter der schwarzen Frühromantik. Er glaubte nicht an die Nachtseiten des Lebens, das Versteckte und Verbotene. Nicht daran, daß der bürgerliche Alltag Facetten an sich nicht verkraftete und daher verdrängte. Und daß der Magnetismus wächst, je mehr man ihn verdrängt. Daß hier eine ins Unwirkliche verzerrte Realität zu beobachten, zu studieren, zu analysieren sei. Nein, Pornographie und Kapitalismus gehörten zusammen wie Dick und Doof. Er hatte sich informiert. Je mehr eine Gesellschaft ins Puritanische drängt, um auf der sexuellen Ebene, im Privaten sauber zu bleiben, weil die wirtschaftliche Sphäre, das öffentliche Leben drekkig genug ist und Menschen zernichtet, Büchner dachte er, prima Halbbildung, über die ich verfüge, jetzt habe ich den Faden verloren. Ach ja, Laterna magica und die Sex-Shops der Londoner Holiwell Street im 19. Jahrhundert. Vielleicht sollte man doch in Frankfurt drehen? Immerhin wachten dort die hohen Türme der Banken über das Puff-Areal, beobachteten es wie ein sorgenvoller Vater mit kritischer Liebe. Aber vermutlich habe ich recht, wenn mir diese Symbolik zu platt ist.

«Sagen Sie, gute Frau, kann man eigentlich auf diese Lüftungsschächte klettern, um die Wichser von oben zu filmen», sprach er die Kassiererin leutselig an.

«Wie meinen?»

Immerhin blaffte sie ihn nicht sofort an, eine wohlerzogene Hanseatin, dachte er.

«Entschuldigung, ich vergaß, mich vorzustellen. Ratzloff der Name, Miko Ratzloff. Regisseur und Dramaturg. Sie haben sicher schon eines meiner Werke im Kino gesehen. ‹Kill them all› vielleicht, allerdings etwas experimentell. Oder ‹Ranking Score›, mein vermutlich bester Film. Nein? Ist ja auch wurst. Also, ich habe vorgestern mit dem Besitzer dieses Etablissements telefoniert, und er hat mir gestattet, hier einige Takes zu drehen. Ich habe mir vorgestellt...»

«... ich versteh nicht.»

«Ist doch ganz einfach. Ich mache einen Film für das ZDF über den Terror der Intimität.»

«So so.»

«Ja, verkürzt gesagt, geht es darum, daß heutzutage jeder Mensch zwischenmenschliche Beziehungen darüber definiert, inwieweit man bereit ist, sich selbst barsch bloßzustellen. Sie kennen das sicher, man lernt irgendwo wildfremde Menschen kennen und Minuten später ist man beim Bier in der herrlichsten Diskussion über die privaten Onaniertechniken, was natürlicher ist, Sodomie oder das Schneiden von Zehennägeln, welche Stellungen man bevorzugt, neue Praktiken der Anus-Massage, ob mit oder ohne Kondom zu bumsen ist, und wenn mit, ob Farbe, Form und Geschmack dabei eine Rolle spielen. Ja, also das ist die eine Seite. Die andere ist natürlich Aids. Sie kennen das sicher, jedermann hat heutzutage Angst vor HWG, weil HIV-Viren und ihre fliegenden Mutanten, die Geisel Gottes et cetera pp., und bumms! – verzeihen Sie – zieht sich jeder zurück ins Private, my home is my castle, und reicht so der Reaktion die Hand. Ein zweischneidiges Schwert, werden Sie sagen, recht haben Sie, so recht! Aber ich sage immer, man muß die Widersprüche nicht nur aushalten, sondern sie gegenseitig ausreizen bis zum letzten, um sie zu überwinden. Ja, und darüber

wollte ich, wie gesagt, einen Film drehen, unter anderem auch hier. Und deshalb interessiert mich, ob man auf diese Lüftungsschächte klettern kann. Von oben gäbe das eine recht eindrucksvolle Perspektive. Kennen Sie eigentlich das Bild von Werner Büttner, ‹Selbstbildnis im Kino onanierend›? Auch nicht? Na, so ungefähr habe ich es mir vorgestellt, anonyme Einsamkeit als Symbol. Einerseits Geborgenheit im Ich, unbelästigt von all den Anfechtungen einer ‹befreiten› Sexualität, andererseits natürlich auch die Verabschiedung aus dem Wollen nach mehr, Einverständnis mit dem Bestehenden, sogar seine Nutzung nach dumpfen, unreflektierten, vorgestanzten Bedürfnissen. Vielleicht drehe ich auch noch in Frankfurt...»

«Ja, da muß ich natürlich erst einmal nachfragen.» Die Kassiererin sah ein wenig angeschlagen aus, als sie zum Telefonhörer griff.

Zwischen den verschiedenen Ebenen umherwandernd, hörte er nur Fetzen von dem Gespräch, nahm aber an, daß alles zu seiner Zufriedenheit verlaufen würde. Ein Mann kam schweißglänzend aus einer der Kabinen und wich seinem neugierigen Blick aus. Man müßte natürlich, um authentisch zu bleiben, tatsächliche Besucher filmen. Ob die das mitmachen würden?

Er erinnerte sich an einen Film, in dem von der Peep- und Show-Zentrale aus Piercing-Filme in die Monitore eingespeist worden waren, Schwänze mit Nägeln durchbohrt und solches Zeugs. Vielleicht sollte er etwas Vergleichbares inszenieren? Oder gleich Heimatfilme aus den 50er Jahren hier zeigen? In diesen engen Kabinen, die in ihrer endgültig festgelegten Form, ihrer kristallinen Struktur gleichbedeutend waren mit dem Tod? Ach, lieber nicht, man würde ihn in diese bequeme sozialkritische Ecke mit Subventionen und Bundes-Filmkreuzen drängen. Er wollte unbequem bleiben. Ob das das ZDF aber auch wollte? Klar, dafür bezahlten sie ihn ja. Und das nun wirklich nicht schlecht. 50000 DM für Drehbuch und Regie, wenn er sparsam lebte, reichte das ein halbes Jahr und länger...

«Hören Sie, Herr...»

«Ratzloff, Miko Ratzloff.»

«Herr Ratzloff. Der Besitzer ist einverstanden. Allerdings muß noch ein Bau-Fachmann prüfen, ob Sie auch von da oben filmen dürfen. Statik, oder so was. Man wird sich bei Ihnen melden.»

«Schön, sehr schön. Also dann, gnä Frau...» Er warf ihr eine Kußhand zu und rauschte raus. Der grüne Schal, sein Markenzeichen, flatterte dynamisch im Wind.

Abbildung: © Werner Büttner «Selbstbildnis im Kino onanierend».

Andrea Dworkin

Brief aus einem Kriegsgebiet

... Ich weiß nicht, wer ihr seid und wie viele, doch ich will euch berichten, wie es uns erging. Wir waren tapfer und wir waren dumm; einige von uns kollaborierten; ich weiß nicht, wie es enden wird. Es ist jetzt spät im Jahre 1986, und wir sind am Verlieren. In diesem Krieg kämpfen Männer gegen Frauen; Kriegsschauplatz sind die USA.

Hier wird alle 18 Sekunden eine Frau verprügelt: von ihrem Ehemann oder dem Mann, mit dem sie lebt, nicht von einem Verrückten in einem Park. Begreift: Frauen werden auch von Verrückten in Parks verprügelt, aber das fällt unter eine andere Kategorie – geschlechtsneutrale Tätlichkeiten, Straßenkriminalität, Gewalt der großen Städte. Das Verprügeln von Frauen, die private Spielart, ist das häufigste Verbrechen in diesem Land – nach Aussage des FBI und nicht der von Feministinnen.

Vergewaltigt wird eine Frau alle drei Minuten, in nahezu der Hälfte der Fälle von jemandem, den sie kennt. 44 Prozent aller erwachsenen Frauen in den USA wurden mindestens einmal in ihrem Leben vergewaltigt. 41 Prozent (laut mancher Studien 71 Prozent) aller Vergewaltigungen werden von zwei oder mehr Männern begangen. Also darf die Frage nicht lauten, wie viele Vergewaltigungen es gibt, sondern: wie viele Vergewaltiger gibt es? Jedes Jahr werden 16000 neue Fälle von Vater-Tochter-Inzest bekannt; innerhalb der jetzigen Kinder-Generation werden mindestens 38 Prozent aller Mädchen sexuell belästigt. Hier leben zur Zeit nur 7,8 Prozent Frauen, die noch nie irgendeine Form erzwungener Sexualität (von Überfällen bis zu obszönen Belästigungen) erdulden mußten.

Wir nennen diesen Krieg immer noch «normales Leben». Alle sind ahnungslos; niemand will es wissen; die Männer meinen es doch gar nicht so... *In diesem Krieg sind die Zuhälter, nämlich die, die Pornos produzieren, sozusagen die SS: eine elitäre, sadistische, militärisch organisierte Vorhut.* Sie betreiben ein wirkungsvolles und expandierendes System von Ausbeutung und Mißbrauch, in dem Frauen und Kinder als minderwertige Kreaturen terrorisiert werden. Dieses Jahr werden sie 10 Milliarden Dollar Profit einstreichen.

Wir haben es erst allmählich begriffen. Aus Spaß knebeln sie uns, verschnüren uns, als wären wir totes Fleisch, hängen uns auf an Bäumen, an Zimmerdecken, an Türrahmen, an Fleischerhaken. Aber viele sagen: Die gelynchten Frauen mögen das wahrscheinlich, und wir haben doch nicht das Recht, sie zu stören, während sie (die Frauen) sich amüsieren!

Aus Spaß vergewaltigen sie uns oder veranlassen andere Männer (manchmal auch Tiere), uns zu vergewaltigen, und sie filmen die Vergewaltigungen und zeigen die Vergewaltigungen in den Kinos oder veröffentlichen sie in Magazinen. Und die «normalen Männer», die, die keine Zuhälter sind (die ahnungslos sind, die es nicht so meinen), zahlen Geld fürs Zuschauen. Und uns wird erzählt, die Zuhälter und die normalen Männer seien freie Bürger in einer freien Gesellschaft, die nur tun, was rechtens ist, und wir seien prüde Zicken, denn das sei schließlich Sex, und richtige Frauen hätten nichts gegen ein bißchen Zwang, und außerdem würden die Frauen sowieso bezahlt, also was sei denn schon groß dabei?

Die Zuhälter und die «normalen Männer» haben in den USA eine Verfassung, die besagt, daß gefilmte Vergewaltigungen «geschützte Rede» oder «freie Meinungsäußerung» seien. Sie interpretieren die Verfassung so, daß sie ihren Spaß schützt. Sie haben Gesetze und Richter, für die von den Bäumen baumelnde Frauen eine «freie Meinungsäußerung» sind.

Es gibt Filme, in denen Frauen mit Urin bespritzt, mit Scheiße bedeckt, zerschnitten, verstümmelt werden, und Gelehrte und Politiker nennen das «freie Meinungsäußerung». Die Politiker bedauern die armen Frauen natürlich.

Es gibt Fotos, auf denen man sieht, wie die Brüste von Frauen von zugeschnappten Rattenfallen zerquetscht werden, wie Gegenstände (inklusive Messer, Pistolen, Glasscherben) in unsere Vaginas gestopft werden – und Journalisten und Intellektuelle sagen: Klar, es gibt massenhaft Gewalt gegen Frauen, *aber* … Aber was, Wichser? – Aber wir haben das Sagen in diesem Land, Votze.

Wenn du in den Vereinigten Staaten eine Frau quälen willst, mach auf jeden Fall ein Foto davon. Das wird bestätigen, daß die Schmach, die du ihr angetan hast, eine Meinungsäußerung darstellt, und die ist sakrosankt in einer Demokratie. He, du hast in einer Demokratie sogar das *Recht*, Frauen nicht zu mögen, Mann. Im sehr unwahrscheinlichen Fall, daß das Opfer dich festnageln und dir ein Gewaltverbrechen nachweisen kann, ist dein Zugriff auf ihr Foto immer noch von der Verfassung geschützt, da es ja so überzeugend für sich selbst spricht. Die Frau, die an ihr verübte Brutalität, der Schmerz, die Erniedrigung, ihr Lächeln – weil du sie gezwungen hast zu lächeln, nicht wahr? – kann für alle Zeit verkauft werden an Millionen von «normalen Männern» (wieder diese «normalen Männer»), die – so lautet die treffliche Theorie – ein «erlösendes» Erlebnis haben, wenn sie sie sehen.

Das gleiche gilt übrigens auch für die *Snuff*-Filme (to snuff = auslöschen, vernichten). Du kannst eine Frau foltern und ausweiden, auf ihre herausgeschnittene Gebärmutter ejakulieren, und selbst wenn sie dich eines Tages ins Kittchen bringen sollten wegen Mordes (ein ziemlich einfältiger Euphemismus), ist der Film nach dem Gesetz «freie Rede». Nur: wessen Freiheit?

In seinen Kindertagen war der Feminismus einfach, ursprünglich. Wenn irgend etwas Frauen verletzte, waren Feministinnen dagegen, nicht dafür. 1970 besetzten radikale Feministinnen gewaltsam die Büros des angeblich linksradikalen Grove-Verlages, da Grove unter dem Etikett «sexuelle Befreiung» Pornographie vermarktete und seine weiblichen Angestellten ausbeutete.

Der Verleger von Grove, ein bekannter Jung-Revoluzzer, hielt die feindselige Demonstration für CIA-gesteuert. Sein ungebrochener Radikalismus hielt ihn nicht davon ab, die sehr brutale New

Yorker Stadtpolizei zu rufen, die die Frauen gewaltsam abschleppte und wegen Hausfriedensbruch einsperrte.

Ebenfalls 1970 strengten Feministinnen einen Prozeß gegen «Rat» (Ratte) an, ein Untergrund-Blättchen, das sich im Namen der Revolution der Pornographie und dem männlichen Chauvinismus gleichermaßen verschrieben hatte. Übrigens die einzige Art von Aufmerksamkeit, die die radikale Linke der Geschlechterfrage widmete.

Die Pornographen, die strategisch denken und sehr genau wissen, was sie tun, handelten schnell. «Diese Mädels sind unser natürlicher Feind», schrieb Hugh Hefner, Herausgeber des «Playboy», in einem geheimen Haus-Rundbrief, den Playboy-Sekretärinnen durchsickern ließen.

«Es wird Zeit, daß wir uns auf eine Schlacht mit ihnen einlassen... Was ich haben will, ist ein vernichtender Artikel, der die militanten Feministinnen auseinandernimmt.» Was er bekam, waren riesige, wütende Demonstrationen vor Playboy-Clubs in großen Städten.

Die Aktivitäten gegen Pornographie gingen weiter, lokal organisiert, von den Medien ignoriert, aber fest eingebunden in den feministischen Widerstand. Gruppen, die sich «Frauen gegen Gewalt gegen Frauen» nannten, entstanden unabhängig voneinander in vielen Städten. *Pornographie wurde von Feministinnen (ohne Ausnahme, soweit bekannt) als frauenfeindlich, gewalttätig, vergewaltigend verstanden.*

Robin Morgan brachte die Sache auf den Punkt: Pornographie ist die Theorie, Vergewaltigung die Praxis. Für Susan Brownmiller, Autorin von «Gegen unseren Willen» und später Mitbegründerin der immens einflußreichen Organisation «Frauen gegen Pornographie», war Pornographie frauenfeindliche Propaganda, die zur Vergewaltigung auffordert.

Diese Einsichten klangen Anfang der 70er Jahre keineswegs banal in den Ohren von Feministinnen. Sie begannen gerade, die frauenmörderische und terroristische Wirkung zu verstehen, die Vergewaltigung für alle Frauen hat. Dies waren Einsichten, die gerade erst ans Licht traten, und nicht gedankenlos auswendig gelernte Slogans.

Irgendwann im Jahre 1975 enthüllten Zeitungen in Chicago und New York City die Existenz von Snuff-Filmen. Polizeiliche Ermittler, die die Verbreitungswege dieser Filme zurückverfolgten, sagten aus, daß Prostituierte, wahrscheinlich in Mittelamerika, gefoltert, langsam zerstückelt, dann getötet wurden – vor laufender Kamera.

Kopien der Filme wurden von organisierten Verbrecher-Ringen an private Porno-Sammler in den USA verkauft.

Im Februar 1976, ein oder zwei Tage vor dem Geburtstag der Frauenrechtlerin Susan B. Anthony, lief in einem chicen Premieren-Kino auf dem New Yorker Times Square ein Film an, der als Snuff-Film präsentiert wurde. Eine Plakatwand ragte über dem weiten Times Square-Areal in den Himmel, das Wort SNUFF ein paar Meter hoch in Neon, dazu der Text: «Gedreht in Südamerika, wo das Leben billig ist.» Die Plakate, die die U-Bahnen bedeckten, zeigten den Körper einer Frau – in Stücke geschnitten.

Uns erfaßte Verzweiflung, Wut, Schmerz, Trauer. Jeden Abend hielten wir Mahnwachen ab. Jeden Abend regnete es. Wir marschierten im Kreis herum – in kleinen Kreisen. Wir sahen, wie Männer Frauen, mit denen sie einen netten Abend verbringen wollten, ins Kino führten. Wir sahen, wie die Frauen herauskamen, bleich im Gesicht, und trotzdem mit den Männern heimgingen.

Wir verteilten Flugblätter. Wir schrien uns auf der Straße die Seele aus dem Leib. Wir machten Putz: nicht genug, um die Sache zu stoppen. Wir versuchten es bei der Polizei. Wir versuchten es beim Bezirks-Staatsanwalt. Ihr könnt euch nicht vorstellen, welchen Respekt diese Burschen vor der Redefreiheit haben!

Der Zuhälter, der den Film vertrieb, kam sich unsere Mahnwache anschauen und lachte uns aus. Männer, die hineingingen, lachten uns aus. Männer, die vorbeigingen, lachten uns aus. Zeitungskolumnisten lachten uns aus. Die amerikanische Bürgerrechtsbewegung machte uns lächerlich – durch den Mund verschiedener Sprecher (in jenen Tagen ließen sie noch Männer für sich sprechen).

Die Polizei beließ es nicht beim Lachen über uns. Sie bildeten eine Barrikade mit ihren Körpern, Gewehren und Schlagstöcken – um den Film vor den Frauen zu beschützen. Einer warf mich vor ein fahrendes Auto.

Drei Demonstrantinnen wurden festgenommen und eingesperrt wegen «obszöner Äußerungen» gegenüber dem Geschäftsführer des Kinos. Im Sinne der US-Verfassung sind obszöne Äußerungen keine «freie Meinungsäußerung». Begreift: es ist nicht etwa so, daß diese «obszönen Äußerungen» ungeschützte Rede wären; nein, sie zählen überhaupt nicht als Meinungsäußerung. Die Demonstrantinnen äußerten sich – sprechend – aber das war keine «Rede». Die Verstümmelungen im Snuff-Film, das Messer, das der Frau die Eingeweide herausschnitt, waren dagegen «Rede». «Freie Rede».

All das mußten wir erst lernen.

Wir lernten natürlich eine ganze Menge. Das Leben mag billig sein, doch Wissen ist niemals billig. Wir lernten, daß die Polizei Eigentum beschützt und daß Pornographie Eigentum ist. Wir lernten, daß die Bürgerrechtler sich einen feuchten Dreck um uns scherten, mein Schatz: Frauenmord, gefilmt zu Zwecken der geschlechtlichen Befriedigung, war eine Meinungsäußerung – und die machte ihnen nicht einmal etwas aus! (In jenen Tagen hatten sie noch nicht gelernt, daß man sagen muß, Frauen zu quälen sei böse.)

Die amerikanische Bürgerrechtsvereinigung ACLU geriet keineswegs in einen Gewissenskonflikt. Der Distrikts-Staatsanwalt ging so weit, der Öffentlichkeit eine Frau zu präsentieren, von der er behauptete, sie sei «die Hauptdarstellerin» des Films, und wie man sehen könne, lebe sie noch.

Er hielt eine Pressekonferenz ab. Er sagte, das einzige Gesetz, das dieser Film breche, sei das Gesetz gegen Betrug. Im Grunde genommen forderte er uns dazu heraus, die Zuhälter wegen Betrugs zu belangen, da die im Film massakrierte Frau real noch lebe. Dabei stellte er klar, daß der Film, wäre er real gewesen, überhaupt kein US-amerikanisches Gesetz gebrochen hätte, da ja der Mord woanders passiert wäre. Das lernten wir auch.

Während der Zeit, als SNUFF in New York City lief, wurden die Leichen mehrerer Frauen, in Stücke zerhackt, im East River gefunden und mehrere Prostituierte wurden geköpft. Wir lernten auch das.

Als wir anfingen, gegen SNUFF zu protestieren, waren sogenannte feministische Anwältinnen, viele immer noch Linke in ihrem Herzen, zunächst auf unserer Seite: keine Frau konnte diesmal unbeteiligt bleiben. Wir sahen, wie die radikalen männlichen Junganwälte sie unter Druck setzten, bedrohten, lächerlich machten, angriffen und einschüchterten; und – sie ließen uns im Stich. Sie gingen heim. Sie kamen nie zurück.

Wir sahen, wie sie die Redefreiheit mehr lieben lernten als die Frauen. Nachdem sie ihre kleinen radikalen Herzen verhärtet hatten gegenüber SNUFF, was konnte sie je wieder dazu bringen, Frauen an die erste Stelle zu setzen?

Große Ereignisse folgten. Im November 1978 tagte in San Francisco die erste feministische Konferenz zum Thema Pornographie. Ihr Höhepunkt war die erste nationale Demonstration zur «Rückeroberung der Nacht»: 3000 Frauen legten San Franciscos Porno-Viertel für eine Nacht völlig lahm. Im Oktober 1979 demonstrierten mehr als 5000 Frauen und Männer auf dem Times Square in New York.

1980 veröffentlichte Linda Marchiano ihr Buch «Ordeal» (Feuerprobe). Die weltberühmte Linda Lovelace, legendäre Porno-Königin aus dem Film «Deep Throat», enthüllte unter ihrem bürgerlichen Namen Marchiano, daß sie zur Prostitution und zur Pornographie gezwungen worden war, und zwar mit brutalen Terrormethoden. Die Frau, die eine Gruppenvergewaltigung erlebt hatte, die von ihrem Zuhälter / Ehemann (als Gatte hat er das gesetzliche Recht dazu) verprügelt und in sexueller Sklaverei gehalten worden war; die für einen Film zum Geschlechtsverkehr mit einem

Hund gezwungen worden war, und die einem derartigen ununterbrochenen Sadismus ausgesetzt worden war, wie ihn Amnesty International kaum bei politischen Häftlingen finden dürfte – diese Frau wagte es zu überleben, zu entrinnen und die Männer bloßzustellen, die sie sexuell ausgebeutet hatten (dazu gehörten auch Hugh Hefner vom «Playboy» und Al Goldstein von «Screw»).

Die Welt der «normalen Männer» (der Konsumenten) glaubte ihr nicht; sie glaubten dem Film «Deep Throat». Feministinnen glaubten ihr. Heute ist Linda Marchiano eine überzeugte Feministin und kämpft mit uns gegen Pornographie.

Als ich 1980 das Buch «Ordeal» las, begriff ich, daß jedes gesetzlich verankerte Bürgerrecht dieses Landes gebrochen worden war an Lindas prostituiertem Körper. Ich begann, Gruppenvergewaltigung, Schläge und Vergewaltigung in der Ehe, Prostitution und andere Formen sexuellen Mißbrauchs, die systematischer und wesentlicher Bestandteil der Pornographie sind (das heißt: die Pornographie existiert nicht ohne sie) als Bürgerrechtsverletzungen zu sehen.

Pornographien, wurde mir klar, verletzen die Bürgerrechte von Frauen, genauso wie der Ku-Klux-Klan die Bürgerrechte der Schwarzen verletzt hat. Die Pornographen sind einheimische Terroristen, die mit Gewalt den Untermenschen-Status von Menschen weiblichen Geschlechts aufrechterhalten. Der Status von Frauen als Menschen zweiter Klasse beruht auf der sexuellen Erniedrigung und dem sexuellen Mißbrauch; und der Name des ganzen Systems weiblicher Unterordnung ist *Pornographie* – die Befriedigung und der sexuelle Genuß von Männern sind gleichbedeutend mit der ausdrücklichen sexuellen Ungleichheit von Frauen.

Entweder betrachten wir uns als Menschen, als Gleiche, als Staatsbürger: in diesem Falle können die Pornographen nicht das mit uns machen, was sie ohne Skrupel und, im Klartext gesprochen, unter dem Schutz der Verfassung ständig tun. Oder wir sind Untermenschen, vor dem Gesetz nicht gleichberechtigt und von ihm nicht geschützt: dann können die Zuhälter uns brutal behandeln, dann können die «normalen Männer» sich amüsieren, dann können die Zuhälter und ihre Anwälte und die «normalen Männer» von Redefreiheit sprechen, und dann können wir zur Hölle fahren. Entweder verletzen Pornographen und Pornographie die Bürgerrechte von Frauen, oder Frauen haben keine Bürgerrechte.

Ich fragte Catharine A. MacKinnon, die als erste gegen sexuelle Belästigung geklagt hatte, ob wir im Namen von Linda einen Bürgerrechtsprozeß anstrengen könnten. Kitty machte mit und auch Gloria Steinem (Herausgeberin von «Ms.», eine frühe und mutige Kämpferin für Linda), sowie eine Reihe von Anwältinnen. Wir arbeiteten gut ein Jahr lang an der Klageschrift. Schließlich konnte sie doch nicht eingebracht werden, da all die Ungeheuerlichkeiten, die Linda angetan worden waren, inzwischen verjährt waren. Und ein Gesetz gegen das Vorführen der Filme, zu deren Herstellung sie gezwungen worden war, oder gegen den Profit an diesen Filmen gab es nicht.

Kitty und ich verloren allen Mut; Gloria war der festen Überzeugung, unser Tag würde kommen. Er kam – in Minneapolis am 30. Dezember 1983, als der Rat der Stadt das allererste Menschenrechts-Gesetz verabschiedete, das Pornographie als Bürgerrechtsverletzung an allen Frauen anerkennt.

In Minneapolis, einer politisch progressiven Stadt, war Pornographie jahrelang unter dem *Klassen*-Gesichtspunkt angegriffen worden. Politiker hatten auf zynische Weise Sex-Shops in die Wohnviertel der Armen und Schwarzen verbannt. Die Gewalt gegen die ohnehin entrechteten Frauen und Kinder nahm massiv zu; und die Stadtviertel wurden ökonomisch ausgeblutet, da seriöse Geschäfte in andere Gegenden umzogen. Das Bürgerrechts-Gesetz wurde in Minneapolis erlassen, weil Arme, Farbige (insbesondere Indianer und Schwarze) Gerechtigkeit gefordert hatten. Und Feministinnen.

Doch in erster Linie begreift folgendes: Seit 1970, und besonders seit SNUFF, waren unsere feministischen Konfrontationen mit den Pornographen knallhart: militant, aggressiv, gefährlich, provokant. Es gab Tausende von Demonstrationen. Zum Beispiel in den Kinos: Feministinnen saßen im Zuschauerraum und fingen höllisch an zu schreien, wenn eine Frau auf der Leinwand gequält wurde. Feministinnen wurden von Polizisten mit Gewalt aus den Theatern geschleppt, von Polizisten, die die Schreie auf Zelluloid als *«freie Rede»* werteten und die Schreie der Feministinnen im Publikum als *«belästigende Ruhestörung»*.

Transparente wurden vor Leinwände gespannt. Blut wurde über Zeitschriften und Sex-Shop-Artikeln ausgeschüttet, die dazu dienten, Frauen zu quälen. Wir übten zivilen Ungehorsam, machten Sit-ins, zerstörten Zeitschriften und «Eigentum», fotografierten Konsumenten, hielten Mahnwachen, verteilten Flugblätter, schrieben Briefe und debattierten öffentlich – und all das pausenlos während all der Jahre. Wiederholt wurden Frauen festgenommen: die Polizei schützte stets die Pornographen.

In einem Prozeß erklärten drei Frauen, denen – für das Ausschütten von Blut über Porno-Material – zwei Verbrechen und ein Vergehen zur Last gelegt wurden, sie hätten das getan, um ein schlimmeres Verbrechen zu verhindern: Vergewaltigung. Sie sagten auch, daß das Blut schon vorher dagewesen sei, sie hätten es nur sichtbar gemacht. Sie wurden freigesprochen, nachdem das Gericht sich Zeugenaussagen über den tatsächlichen Gebrauch von Pornographie bei Vergewaltigung und Inzest angehört hatte – und zwar aus der Sicht *der Opfer*: einer vergewaltigten Frau, einer mißbrauchten Jugendlichen.

So begreift auch dies: Es *klappt mit dem Feminismus,* zumindest mit dem ursprünglichen Feminismus klappt es. Das Ziel unserer militanten Aktionen waren die Männer, die nichts anderes wollen, als Frauen zu verletzen, zu quälen (also die Zuhälter der Porno-Industrie). Ihnen und ihrer Macht wollten wir Widerstand leisten und sie vernichten. Wir wollten sie zerstören, ihnen nicht nur höfliche Grenzen setzen, sondern sie tatsächlich *vernichten.*

Und Millionen von Frauen, eine nach der anderen, jede anfangs ganz allein, erinnerten sich, begannen zu verstehen. Sie begannen, Worte dafür zu finden, wie sie selbst durch Pornographie verletzt worden waren und was ihnen persönlich durch Pornographie passiert war. Bevor Feministinnen sich die Pornographen vornahmen, hatte jede einzelne Frau, wie immer, gedacht, nur sie allein sei mißbraucht worden – in, mit oder durch Pornographie.

Jede einzelne Frau lebte in Isolation, Furcht, Scham. Terror erzeugt Schweigen. Jede einzelne Frau war tief verletzt worden durch die Vergewaltigung, den Inzest, die Schläge. Aber es war ihnen darüber hinaus noch mehr passiert, und dafür gab es keinen Namen und keine Beschreibung.

Nachdem erst einmal die Rolle der Pornographie bei der *Erzeugung* sexuellen Mißbrauchs entlarvt war – Vergewaltigung um Vergewaltigung, Tätlichkeit um Tätlichkeit, Opfer um Opfer – änderte sich unser Verständnis des sexuellen Mißbrauchs an sich. Nur über Vergewaltigung zu sprechen oder nur über Schläge oder nur über Inzest bedeutete, die Totalität der Verwundungen dieser Frauen zu verschweigen.

Vergewaltigung oder das Verprügeln von Frauen oder Inzest sind keine voneinander abgetrennten, selbständigen Phänomene. Wir hatten gedacht: einige Männer vergewaltigen; einige Männer prügeln; einige Männer mißbrauchen kleine Mädchen. Wir hatten ein Trägheitsmodell männlicher Sexualität akzeptiert: Männer haben Fetische; die Frauen müssen zum Beispiel stets Blondinen sein; der Akt, der zum Orgasmus führt, muß stets derselbe sein. Aber durch Pornographie erzeugter Mißbrauch ist anders: der Mißbrauch ist vielfältiger, komplexer. Die Verwundungen jeder einzelnen Frau sind vielfach und miteinander verwandt. Der Sadismus ist außerordentlich wirkungsvoll.

Wir fanden heraus, daß in den Fällen, in denen Pornographie die Ursache sexuellen Mißbrauchs ist, Männer jeden neuen Trick lernen und anwenden, den die Pornographen sie lehren. Wir lernten, daß alles, was Frauen verletzt oder erniedrigt, in den Augen der Pornographie-Konsumenten Sex sein kann. Und: Das männliche Sexualverhalten kann sich total ändern, um sich den jeweiligen Gewalttaten und Erniedrigungen anzupassen, die die Pornographie gerade propagiert.

Wir fanden heraus, daß die Formen sexuellen Mißbrauchs im Leben einer Frau auf verworrene und komplizierte Weise miteinander zusammenhängen, wenn Pornographie ein Faktor ist: Pornographie wird benutzt, um Inzest zu begehen, und dann wird das Kind benutzt, um Pornographie herzustellen. Der Pornos konsumierende Ehemann begnügt sich nicht damit, seine Frau zu prügeln, sondern fesselt sie, hängt sie auf, foltert sie, zwingt sie zur Prostitution und filmt sie zu pornographischen Zwecken.

Wenn bei Gruppenvergewaltigungen Pornographie im Spiel ist, dann ist die Gruppenvergewaltigung inszeniert nach einem schon existierenden Drehbuch. Der Sadismus der Gruppenvergewaltigung wird gesteigert durch die Ideen der Pornographen. Das erzwungene Abfilmen von erzwungenem Sex wird zu einem neuen Sexualverbrechen an Frauen. Im Hinblick auf Sexualität schafft Pornographie für Frauen und Kinder Bedingungen wie im Konzentrationslager. Das ist keine Übertreibung.

Eine Psychologin berichtete dem Rat der Stadt Minneapolis über drei Fälle, in denen Pornographie als «Rezeptbuch» verwendet wurde: «In jüngster Zeit habe ich Klientinnen behandelt, die mit Besenstielen vergewaltigt, zum Geschlechtsverkehr mit mehr als 20 Hunden auf dem Rücksitz ihres Autos gezwungen, gefesselt und mit elektrischen Schlägen im Bereich der Genitalien traktiert worden waren. Sie alle waren Kinder und Jugendliche im Alter von 14 bis 18 Jahren... Der Täter hatte die Handbücher und Artikel nachts gelesen und verwendete sie tagsüber als Rezepte, oder er hatte das pornographische Material zur Hand, während er das Sexualverbrechen verübte.»

Eine Sozialarbeiterin, die ausschließlich mit jugendlichen Prostituierten arbeitet, sagte aus: «Ich kann nahezu kategorisch sagen, daß ich kaum eine Klientin hatte, die nicht mittels Pornographie zur Prostitution benutzt worden ist... Für einige junge Frauen bedeutet das, daß ihnen Pornographie gezeigt wird, entweder Filme, Videos oder Bilder, mit dem Hinweis, so sollten sie es machen; also sozusagen als Lehrbuch dafür, wie man sich prostituiert.

Darüber hinaus passiert es oft, wenn eine junge Frau auf der Straße arbeitet, daß ihre Freier oder Kunden kleine Papierfetzen mitbringen, Bilder, die sie aus Pornoheften herausgerissen haben, und sagen: Ich will so was... Es ist wie ein Versandhauskatalog für sexuelle Praktiken, und es wird erwartet, daß sie die Dinge so ausführt. Ein anderer Aspekt, der bei meiner Arbeit eine große Rolle spielt: In vielen Fällen sind meine Klientinnen Vergewaltigungsopfer, meist mehrfach. Diese Vergewaltigungen werden oft entweder auf Video aufgenommen oder fotografiert. Wenn die junge Frau versucht abzuhauen, wird sie erpreßt.»

Eine frühere Prostituierte, die als Zeugin aussagte zugunsten einer Gruppe früherer Prostituierter, die Angst hatten, entdeckt zu werden, bestätigte: «Wir wurden alle durch Pornographie in die Prostitution eingeführt; es gab keine Ausnahmen in unserer Gruppe, und wir waren alle unter 18.» Alles, was Frauen in Pornos angetan wird, wurde diesen jungen Frauen von den «normalen Männern» angetan. Für sie waren Prostituierte das gleiche wie Pornographie, aber so sahen sie auch alle anderen Frauen, inklusive ihre Ehefrauen und Töchter. Der Mißbrauch von Prostituierten war qualitativ nicht anders als der Mißbrauch anderer Frauen.

Aus einer ganzen Schmerzenslitanei zitiere ich ein Beispiel: «Eine Frau traf sich mit einem Mann in einem Hotelzimmer im fünften Stock. Als sie dort hinkam, wurde sie gefesselt, während sie nackt auf einem Stuhl saß. Sie wurde geknebelt und allein im Dunkeln sitzen gelassen – nach ihrer Schätzung eine Stunde lang. Der Mann kam mit zwei anderen Männern zurück. Sie verbrannten sie mit Zigaretten und befestigten Klammern an ihren Brustwarzen. Sie hatten viele Sado-Maso-Magazine mitgebracht und zeigten ihr viele Bilder von Frauen, die offensichtlich diesem Mißbrauch zustimmten, ihn genossen und unterstützten. Sie wurde 12 Stunden festgehalten, dauernd vergewaltigt und geschlagen. Sie bekam 50 Dollar oder umgerechnet etwa 2,33 Dollar (4,65 Mark) pro Stunde.»

Auch rassistische Gewalt wird in Pornos stark propagiert, und der Mißbrauch hat die spezielle Dynamik der Pornographie: ein vernichtender Sadismus, die Brutalität und Verachtung, die Pornographie als Ganzes ausmacht. Das pornographische Video-Spiel «Custers Rache» hatte viele Gruppenvergewaltigungen an Indianerinnen zur Folge. Im Spiel versuchen Männer, eine «Squaw» zu fangen, sie an einen Baum zu binden und zu vergewaltigen. In dem Spiel, das an sexueller Deutlichkeit nichts zu wünschen übrig läßt, geht der Penis rein und raus, rein und raus.

Ein Opfer des «Spiels» sagte: «Als ich zum erstenmal gebeten wurde auszusagen, zögerte ich, denn die Erinnerungen waren so schmerzlich und noch so frisch. Ich bin hier wegen meiner vierjährigen Tochter und wegen anderer Indianerkinder... Ich wurde von zwei weißen Männern überfallen, und sie zeigten mir von Anfang an, daß sie mein Volk hassen... Und sie zeigten mir, daß die Vergewaltigung einer ‹Squaw› durch einen weißen Mann durchaus von der weißen Gesellschaft honoriert wird. Daraus wäre sogar ein Video-Spiel entstanden mit dem Namen ‹Custers letzte Stellung› (sic). Sie hielten mich am Boden fest, und einer von ihnen fuhr mir mit der Spitze seines Messers über mein Gesicht und meine Kehle und sagte: ‹Willst du Custers letzte Stellung spielen? Es ist großartig. Du verlierst zwar, aber das macht dir nichts aus, nicht wahr? Du magst ein bißchen Schmerz, nicht wahr, Squaw?› Sie lachten beide und dann sagten sie: ‹Es gibt einen Haufen Schwänze in Custers letzter Stellung. Du solltest dankbar sein, Squaw, daß richtige Amerikaner wie wir dich haben wollen. Vielleicht binden wir dich an einen Baum und machen ein Feuerchen um dich herum.›»

Dieselbe sadistische Intensität und Arroganz zeigt sich auch in der folgenden von Pornographie ausgelösten Gruppenvergewaltigung eines 13jährigen Mädchens. Drei Rotwildjäger, die sich im Wald Porno-Magazine ansahen, schauten plötzlich auf und sahen ein blondes Mädchen. «Da ist ein lebendiges», rief einer. Die drei Jäger jagten das Kind, vergewaltigten es nacheinander, schlugen mit Gewehrkolben auf ihre Brüste ein und redeten sie die ganze Zeit mit Namen aus den Pornoheften an, die an ihrem Lagerplatz verstreut lagen: Goldmädchen, Kleine Godiva und so weiter.

«Alle drei hatten Jagdgewehre. Zwei von ihnen hielten ihre Gewehre an meinen Kopf und der erste schlug mir mit seinem Gewehr auf die Brust und sie lachten und lachten. Und dann vergewaltigte mich der erste Mann, und als er fertig war, machte er Witze darüber, daß ich noch eine Jungfrau war ... Der zweite Mann vergewaltigte mich ... Der dritte Mann preßte seinen Penis in meinen Mund und sagte mir, ich solle es machen, und ich wußte nicht, was ich machen sollte ... Einer der Männer entsicherte sein Gewehr, und so strengte ich mich noch mehr an. Als er dann eine Erektion hatte, vergewaltigte er mich. Sie hörten nicht auf, Witze darüber zu machen, was sie doch für ein Glück gehabt hätten, mich gefunden zu haben, während sie es machten, und sie machten Witze darüber, daß ich Jungfrau war. Sie fingen an ... mich zu treten und sagten zu mir, wenn ich mehr wolle, sollte ich am nächsten Tag wiederkommen ... Ich erzählte niemand davon, daß ich vergewaltigt worden war, bis ich 20 Jahre alt war.»

Diese Männer hatten ebenso wie die Männer, die die Indianerin vergewaltigt hatten, ihren Spaß; sie spielten ein Spiel. Dies alles sind repräsentative, aber immer noch relativ harmlose Fälle. Sobald die Rolle von Pornographie bei sexuellem Mißbrauch feststeht, sehen wir als Folge nicht nur Vergewaltigung oder Gruppenvergewaltigung oder Kindesmißbrauch oder Prostitution. Statt dessen sehen wir fortgesetzten und komplexen Sadismus, der in der Art oder im Ausmaß der Brutalität, die an Frauen oder Mädchen verübt wird, keinerlei angeborene, anerzogene oder vorhersehbare Grenzen kennt. Wir haben mörderische Feindseligkeit. Wir haben Folter.

Pornographiedurchtränkter Mißbrauch ist spezifisch und erkennbar, weil er nichts anderes ist als Faschismus an Frauenkörpern: die Feindseligkeit und der Sadismus, die er hervorruft, sind kannibalisch. Bei ihren Interviews mit 200 Prostituierten in San Francisco entdeckten Mimi H. Silbert und Ayala M. Pines erstaunliche Muster von pornographiedurchtränkter Feindseligkeit. Sie stellten keinerlei Fragen über Pornographie. Aber im Gespräch gaben die Frauen beiläufig so viel Information weiter über die Rolle von Pornographie bei Tätlichkeiten, die auf sie verübt wurden, daß Silbert und Pines die Informationen veröffentlichten, über die sie unvorhergesehen gestolpert waren.

Von den 200 Frauen waren 193 als Erwachsene vergewaltigt und 178 als Kinder sexuell mißbraucht worden. Das sind 371 Fälle von sexuellen Gewalttaten innerhalb einer Gruppe von 200 Frauen. 24 Prozent der vergewaltigten Frauen erwähnten, daß der Vergewaltiger sich während der Tat ausdrücklich auf Pornographie bezog: «Der Täter bezog sich auf pornographisches Material, das er gesehen oder gelesen hatte, und bestand dann darauf, daß die Opfer nicht nur die Vergewaltigung genießen sollten, sondern auch die extreme Gewalt.»

Wenn – wie das in einigen Fällen vorkam – das Opfer dem Vergewaltiger gegenüber sagte, sie sei eine Prostituierte und werde jede sexuelle Handlung mitmachen, die er verlange (um ihn davon abzuhalten, gewalttätig zu werden), antworteten die Täter *in allen Fällen* folgendermaßen: 1. wurde ihre Sprache beleidigender; 2. wandten sie auffallend mehr Gewalt an, schlugen und stießen die Frauen extrem und benutzten oft Waffen, die sie den Frauen zeigten; 3. erwähnten sie, daß sie Prostituierte in pornographischen Filmen gesehen hatten, und die meisten benannten ganz bestimmte pornographische Literatur; und 4. setzten sie auch nach der erzwungenen vaginalen Penetration die sexuellen Tätlichkeiten fort, und zwar auf eine Art und Weise, wie sie sie Prostituierte in der von ihnen zitierten pornographischen Literatur hatten genießen sehen.»

Die genannten Beispiele umfassen erzwungene anale Penetration mit einem Gewehr, Gewehrhiebe auf alle Körperteile, das Zerbrechen von Knochen und das Zielen mit einer geladenen Pistole auf die Vagina der Frau, «wobei sie darauf bestanden, genauso sei die Frau in dem Film, den sie gesehen hatten, gestorben».

Studien zeigen, daß 65 bis 75 Prozent der Frauen in der Pornoindustrie als Mädchen sexuell mißbraucht wurden, oft innerhalb der Familie, und daß viele schon als Kinder zu Porno-Objekten gemacht wurden. So berichtet eine Frau: «Ich bin ein überlebendes Inzestopfer, Ex-Pornographie-Modell und Ex-Prostituierte. Die Geschichte meines Inzests beginnt vor dem Vorschulalter und endet viele Jahre später – das war mit meinem Vater. Ich wurde außerdem von einem Onkel und einem Geistlichen mißbraucht... Als ich ein Teenager war, zwang mein Vater mich bei einem Herrenabend zu sexuellen Handlungen mit Männern... Mein Vater ist leitender Angestellter und hat ein Jahreseinkommen von 80000 Dollar (160000 Mark). Außerdem ist er Laienprediger und Alkoholiker... Mein Vater war mein Zuhälter in der Pornographie. Im Alter von 9 bis 16 Jahren hat er mich mehrfach gezwungen, für pornographische Aufnahmen Modell zu stehen.»

Diese Frau ist jetzt Feministin und kämpft gegen Pornographie. Meist hört sie Männer darüber debattieren, ob irgendein sozialer Schaden mit Pornographie verbunden ist oder nicht. Leute wollen Experten. Wir haben Expertinnen. Die Gesellschaft sagt, wir müßten den Schaden beweisen. Wir haben den Schaden bewiesen.

Was wir beweisen müssen, ist, daß Frauen Mensch genug sind, um überhaupt geschädigt werden zu können. Wie sagte doch eine liberale sogenannte Feministin neulich: «Was ist der Schaden von Pornographie? Ein Schnipsel Papier?»

Diese Frau war Mitglied der sogenannten Meese-Kommission. (Von den Pornographen und ihren Freunden nach dem sehr weit rechts stehenden Edwin Meese benannt, wurde die Kommission in Wirklichkeit von dem gemäßigten früheren Justizminister, William French Smith, berufen.) Sie hatte ein Jahr ihres Lebens damit zugebracht, sich die brutale Behandlung von Frauen in der Pornoindustrie anzusehen und Lebensgeschichten von pornographisch mißbrauchten Frauen zu hören.

In Schmerz und Einsamkeit fingen Frauen an, die Wahrheit zu sehen, dann davon zu sprechen, erst mit sich selbst, dann mit anderen. Jetzt haben Frauen vor Regierungskommissionen ausgesagt, in öffentlichen Versammlungen, im Radio, im Fernsehen, ja sogar bei Treffen reformistischer Feministinnen, die das alles so schmutzig finden, so declassé, *so bedauerlich*...

Besonders die reformistischen Feministinnen hassen die Tatsache, daß diese schmutzige Pornographie – die ja irgend etwas mit diesen mißbrauchten Frauen zu tun hat – ihre bequemen politischen Allianzen stören könnte, ihre Allianz mit all jenen «normalen Männern», den Konsumenten – die eben auch, naja, Freunde sind. Sie wollen nicht, daß der Gestank dieser Art von sexuellem Mißbrauch – dieser schäbigen Art zum Vergnügen und zum Profit – auf sie abfärbt. Feminismus heißt für sie, nach Erfolg streben, nicht Unterdrückung bekämpfen.

Hier sind wir: Weint um uns. Die Gesellschaft – mit stummem Einverständnis allzuvieler links-liberaler und reformistischer Feministinnen – sagt, daß Pornographen *nicht* gestoppt werden dürfen, denn die Freiheit aller hänge von der Freiheit der Pornographen ab, ihre Meinungsfreiheit ausüben zu können. Im links-liberalen Jargon heißt das Stoppen von Pornographen «Zensur».

Das Bürgerrechtsgesetz – ein bescheidenes Druckmittel, nicht zu vergleichen mit einem Gewehrlauf – passierte zweimal den Rat von Minneapolis; zweimal legte der Bürgermeister sein Veto ein. In Indianapolis, einer konservativeren Stadt (wo reformistische Feministinnen sogar Mitglieder der Republikanischen Partei sind), wurde eine eingeschränkte Version angenommen: *eingeschränkt* heißt, daß nur *sehr* grausame Pornographie von diesem Gesetz erfaßt wird.

In Indianapolis wurde Pornographie als, «wirklichkeitsnahe, offen sexuelle Erniedrigung von Frauen in Bildern und/oder Worten» definiert, worunter auch «die Darstellung von Vergewaltigung, Schmerz, Demütigung, Penetration mit Gegenständen oder Tieren oder Verstümmelung» fällt. Männer, Kinder und Transsexuelle, mit denen auf solche Weise umgegangen wurde, können sich auch auf dieses Gesetz berufen.

Das Gesetz macht die Pornographen rechtlich und ökonomisch verantwortlich für den Schaden, den sie Frauen zufügen. Hersteller, Aussteller, Verkäufer und Vertreiber können dafür angeklagt werden, daß sie mit Pornographie handeln. Wer zur Pornographie gezwungen wurde, kann die Hersteller, Händler, Vertreiber oder Aussteller dafür haftbar machen, daß sie von der Zwangslage des Opfers profitierten, und kann veranlassen, daß das erzwungene Produkt vom Markt genommen wird.

Wer zu Hause gezwungen wurde, Pornographie anzuschauen, kann die Person(en), die den Zwang ausübte(n), anzeigen und ebenso alle Institutionen, die den Zwang erlauben (beispielsweise eine Universität oder einen Arbeitgeber). Wer körperlich angegriffen oder verletzt worden ist infolge einer bestimmten Pornographie, kann den Pornographen auf Schadensersatz verklagen und erreichen, daß die Pornographie vom Ladentisch verschwindet. In diesem Gesetz wird Pornographie völlig korrekt als Akt sexueller Diskriminierung verstanden und anerkannt.

Doch: Gerichte der Vereinigten Staaten haben das Bürgerrechtsgesetz von Indianapolis als «verfassungsfeindlich» deklariert. Ein Bundesgericht gab zu, daß Pornographie Frauen all den Schaden zufügt, von dem wir sprechen – also uns sowohl physisch verletzt als auch gesellschaftlich degradiert – doch beweise gerade die verletzende Wirkung der Pornographie auf Frauen ihre Kraft als Äußerung. Darum sei Pornographie als geschützte freie Rede anzusehen.

Die gute Nachricht: Pornographen haben tatsächlich Probleme im Moment, und wir sind die Ursache ihrer Probleme. «Playboy» und «Penthouse» stecken beide tief in finanziellen Krisen. «Playboy» hat Abonnenten verloren, und somit auch die Basis für sein Anzeigengeschäft, und das auf Jahre hinaus. Sowohl «Playboy» als auch «Penthouse» haben in den letzten Jahren Tausende von Käufern, denen es nun doch zu peinlich wurde, verloren. Wir haben sie ihre Glaubwürdigkeit gekostet.

Die schlechte Nachricht: Auch wir haben Probleme. Es gibt viel Gewalt gegen uns, pornographie-inspirierte Gewalt. Sie stellen uns, unsere Körper, in ihren Zeitschriften pornographisch dar, und sie hetzen all die «normalen Männer» auf uns, um uns fertigzumachen. Wir werden verfolgt, angegriffen, bedroht. Kugeln wurden in ein feministisches Antiporno-Zentrum geschossen, Feministinnen wurden aus ihren Wohnungen hinausgeekelt. Sie wurden verprügelt.

Und die Pornographen haben einen Haufen Mädchen (wie sich die Frauen selbst zu nennen pflegen) gefunden, die für sie arbeiten: nicht die Scheißliberalen, sondern wirkliche Kollaborateurinnen, die sich «Feministinnen» nennen und sich speziell zu dem Zweck organisiert haben, die Bürgerrechts-Gesetzgebung zu bekämpfen und die Pornographen vor unseren politischen Aktionen zu schützen.

Pornographie sollte kein feministisches Thema sein, sagen diese sogenannten Feministinnen. Sie sagen: Pornographie ist frauenfeindlich, *aber*... Das *Aber* in diesem Fall bedeutet: sie baut Hemmungen ab. Die Pornographie-Opfer aber können bezeugen und haben das bereits getan, daß, wenn Männer ihre Hemmungen abbauen, Frauen gequält werden.

Diese Frauen bezeichnen sich also als Feministinnen. Einige haben für das gescheiterte Equal Rights Amendment (den Verfassungsschutz über die Gleichberechtigung von Mann und Frau) gekämpft oder für das Recht auf Abtreibung oder für gleiche Löhne oder für Lesben- und Schwulen-Rechte. Aber in diesen Tagen organisieren sie sich, um uns zu stoppen in unseren Bemühungen, die Pornographen zu stoppen.

Die meisten der Frauen, die sich Feministinnen nennen, aber daran arbeiten, Pornographie zu schützen, sind Anwältinnen oder Akademikerinnen: Anwältinnen wie diejenigen, die vor SNUFF davongelaufen sind; Akademikerinnen, die von Prostitution romantische Vorstellungen haben: Illusionen von ungehemmter weiblicher Sexualität.

Aber wer immer sie sind, was immer sie glauben zu tun: das hervorstechende Merkmal an ihnen ist, daß sie die Frauen, denen weh getan worden ist, ignorieren und den Zuhältern helfen, die das Wehtun besorgen. Sie sind Kollaborateurinnen, nicht Feministinnen.

Die Pornographen können uns vielleicht zerstören. Die Gewalt gegen uns – in der Pornographie, in den Männermedien, unter Männern – eskaliert schnell und auf gefährliche Weise. Manchmal ist unsere Verzweiflung furchtbar. Wir haben noch nicht aufgegeben. Es gibt Widerstand hier, richtigen Widerstand. Ich kann Euch kaum sagen, wie tapfer und klug die Widerstandskämpferinnen sind. Oder wie ohnmächtig und verletzt.

Eines steht mit Sicherheit fest: Die ohnmächtigsten Frauen, die ausgebeutetsten Frauen, das sind die Frauen, die die Pornographen bekämpfen. Unsere privilegierteren Schwestern ziehen es vor, sich da rauszuhalten.

Es ist ein häßlicher Kampf, zugegeben. Der Feminismus stirbt hier, weil so viele Frauen, die sich als Feministinnen bezeichnen, Kollaborateurinnen oder Feiglinge sind. Der Feminismus ist großartig und militant hier, weil die ohnmächtigsten Frauen ihr Leben einsetzen, um den mächtigsten Männern entgegenzutreten – zum Wohle aller Frauen.

Seid stolz auf uns, weil wir kämpfen. Seid stolz auf uns, weil wir so weit gekommen sind. Helft uns, wenn ihr könnt. Die Pornographen werden uns aufhalten müssen. Wir werden nicht aufgeben. Sie wissen es, und jetzt wißt es auch ihr.

In Liebe,
ANDREA DWORKIN

Übersetzung aus dem Amerikanischen: Judith Rauch

Zuerst erschienen in «Emma» 2/1987

Sarah Whiteside

Eine Mitteilung an die Frauen der Antipornographie-Kampagne von einer Arbeiterin in der Sex-Industrie

Mich als Prostituierte und Stripteasetänzerin macht das Ignorantentum der Antiporno-Lobby innerhalb der Frauenbewegung unheimlich wütend.

Die Frauenbewegung kann es sich nicht leisten, daß sich in ihr Gruppen bilden, die auf Grund ihrer Unwissenheit in Aktion treten, ohne sich vorher über die möglichen negativen Auswirkungen im klaren zu sein, die diese Aktionen für andere Frauen haben könnten – nämlich die Frauen, die ihnen vielleicht in manchen Dingen zustimmen würden, die aber nichtsdestotrotz selbst ein wesentlicher Bestandteil dessen sind, was diese Antiporno-Gruppen bekämpfen.

Als Arbeiterin in der Sexindustrie habe ich das im Umgang mit Antipornographie-Frauen an meinem Arbeitsplatz auf die krasse Art erfahren müssen.

In San Francisco hat eine solche Antiporno-Frauengruppe mit dem Namen «Frauen gegen Gewalt in der Pornographie und den Medien» sogenannte Pornotouren durch North Beach und das Vergnügungsviertel, wo die Sexindustrie konzentriert ist, durchgeführt. Anmerken möchte ich dazu noch, daß sich diese Frauen im Gegensatz zu anderen Frauengruppen, die sich gegen Gewalt gegen Frauen wehren, tatsächlich hauptsächlich nur gegen die Pornographie wenden.

Aus sogenannten «erzieherischen» Gründen ziehen diese Frauen in Gruppen durch die Nachbarschaft, betreten Geschäfte, in denen pornographische Literatur und Sexartikel verkauft werden, und kommen auch in Läden, in denen Lifeshows angeboten werden.

Wenn sie sich Bilder von nackten Menschen oder ausgefallenes Spielzeug ansehen wollen, okay, was hindert sie daran. Aber ich als Bestandteil dieser Lifeshows in der Sexindustrie muß sagen, daß ich kein Objekt erzieherischer oder sonstwie gearteter Neugierde bin, genauso wie ich kein Objekt bin, das man sexuell erniedrigen kann.

Wenn zunächst einmal die Gesellschaft nicht so sexualitätsfeindlich wäre, könnte ich mir vorstellen, daß diese Antiporno-Frauen als Kinder von offenen und ehrlichen Erwachsenen aufgeklärt worden wären oder ihre sexuellen Erfahrungen jetzt im Bett machen würden.

Ich spreche über die Antiporno-Frauen, die glauben, daß sie «es wissen müssen», und ich spreche für alle Prostituierten, Stripteasetänzerinnen und Pornomodelle, die allzu gut wissen, was ich meine, wenn ich sage, daß es mir nicht gefällt, wenn ihr meinen Arbeitsplatz betretet, nur um mich in meinem Büstenhalter und Höschen oder mit gar nichts an wie Schulmädchen anzustarren und anzuglotzen. Als Mensch verlange ich Respekt von anderen Menschen.

Es ist schon schlimm genug, daß wir Frauen als Arbeiterinnen in der Sexindustrie um jeden Zoll Respekt, den uns die Männer gewähren, kämpfen müssen, aber daß wir auch um den Respekt von anderen Frauen kämpfen müssen, ist geradezu beschämend.

Ich möchte die Frauen der Antiporno-Kampagne daran erinnern, daß die Sexindustrie eine *Industrie* ist und daß es in den Läden, die Lifeshows anbieten, um ein Geschäft geht und daß wir, die darin arbeiten, dort nicht aus Spaß und Freude oder aus Geilheit und Sensationslust sind. Das gilt für unsere Kunden. *Wir* sind dort, weil wir für ein Dach über unserem Kopf und Nahrung für uns und unsere Kinder zu sorgen haben. «It's money, honey.» Es geht also ums Geld. Wir möchten Leute in unsere Läden kommen sehen, die viel davon haben und die Absicht, das meiste davon uns zu geben. In unserem Alltag möchte ich, daß Frauen mit uns für eine freie und gerechte Gesellschaft arbeiten, in der alle die gleichen wirtschaftlichen Möglichkeiten haben. Aber an unseren augenscheinlichen Arbeitsplätzen wollen wir nicht, daß Frauen nur hereinkommen, um uns von oben herab anzusehen.

Beurteilt mich nicht nach dem Wirtschaftssystem, dessen Bestandteil ich bin, weil der Kapitalismus einen aussaugt. Ich bin ein schönes menschliches Wesen. Reich mir lieber deine Hand als Schwester oder als Freundin, so daß wir zusammen etwas tun können, damit die Menschen eines Tages frei von jeglicher Unterdrükkung leben können, mag sie nun wirtschaftlicher, sexueller, religiöser oder staatlicher Art sein.

Die Konfrontationen zwischen Antiporno-Frauen und Frauen aus der Sexindustrie *müssen sofort aufhören.* Wir, die wir in der Industrie arbeiten, werden das *nicht länger hinnehmen.* Es schadet jenen, die dort arbeiten, wirtschaftlich, und es schadet dem gemeinsamen Kampf der Frauen.

Die Anwesenheit von Antiporno-Frauen in oder außerhalb der Clubs, in denen wir arbeiten, beeinträchtigt nachteilig unseren Lohn. *Wir werden das nicht tolerieren!* Wir betrachten das als eine *Belästigung.* Jeder hat das Recht auf eine freie Meinung, auch was die Pornographie betrifft, aber die Antiporno-Frauen haben kein Recht, ihre Schwestern bei ihrem Kampf, sich und ihre Kinder zu ernähren, ihrer Einnahmen zu berauben. Ich möchte den Frauen der Antiporno-Kampagne folgendes mitteilen: Kommt nicht an unsere Arbeitsplätze und glotzt uns an; macht keine Demonstrationen vor unseren Läden, wenn wir euch nicht ausdrücklich darum bitten! Dadurch, daß dann weniger Geld in unsere Taschen fließt, erschwert ihr uns das Überleben. Wenn die Frauen sich nicht zusammenschließen, um gemeinsam zu kämpfen, werden die Frauen insgesamt nicht überleben. In diesem Zeitalter nuklearer Gefahren und Völkermorde, wo Überfluß und große Hungersnöte erschrekkend nebeneinander existieren, hängt das Überleben der Menschheit vom Überleben der Frauen ab.

Im Prostituiertenkollektiv haben sich verschiedene Frauen zur gemeinsamen Arbeit zusammengetan – Prostituierte und Nichtprostituierte –, Arbeiterinnen aus der Pornoindustrie und Schwestern, die einfach helfen wollen. Laßt uns das ein Beispiel für andere Feministinnen in der Frauenbewegung sein.

Marcia Pally

Frauen und Porno

Einige Jahre lang schon höre ich Fundamentalisten, Feministinnen und Mitglieder von Regierungskommissionen sagen, Magazine wie «Penthouse» seine verantwortlich für Vergewaltigungen, Gewalt gegen Frauen und den sexuellen Mißbrauch von Kindern. Wenn man die Pornographie loswird, erklären sie, ist man auch den ganzen schrecklichen Rest los. Das ganze Sich-an-die-Brust-Schlagen bei der «Meese-Kommission» (Regierungskommission zur Pornographie), all die aufrichtige Sorge um Pornographie und Sexualdelikte, als die Kette «Southland», «Playboy» und «Penthouse» aus ihrem Angebot nahm, all die dramatischen Plädoyers der führenden Anti-Porno-Feministinnen Andrea Dworkin und Catharine MacKinnon – all dies reicht aus, sich zu fragen: haben sie recht? Wird das Verbot von «schmutzigen Bildern» Gewalt gegen Frauen und Kinder vermindern?

Wo Büchereien den «Fänger im Roggen» und «Uhrwerk Orange» aus ihren Regalen nehmen, lohnt sich die Frage. Wo sie Nachschlagewerke aus ihren Neubestellungslisten nehmen (in Texas enthielten angeblich vier davon obszöne Wörter), wo die Filme «A Passage to India» und «Victor und Victoria» in North Carolina als obszön gelten und in diesem Staat auch Gemälde aus den Kunstgalerien genommen wurden, lohnt es sich, diese Frage zu beantworten. Wo «pornographische Rockmusik» vom «Parents Music Resource Center» bekämpft wird und die Gruppe «Dead Kennedys» wegen Obszönität mit Strafe bedroht ist, wo Einzelhandelsketten die Musikmagazine «Rolling Stone» und «Star Hits» aus dem Angebot nehmen, lohnt es sich zu fragen, ob wir irgendwas durch ein Pornographieverbot erreichen. Wird es Sexismus oder Gewalt reduzieren?

Im Bemühen, alle Beweise abzuwägen, habe ich sämtliche Schriften der Organisationen für eine neue Sittlichkeit gelesen. Ich habe die Geschichte der Pornographie ebenso studiert wie sämtliche feministische Bücher zu diesem Thema, inklusive der gesammelten Werke der Damen Dworkin und MacKinnon (eine kafkaeske Erfahrung). Ich habe den 1960 Seiten starken «Meese Report» gelesen. Und ich habe stapelweise pornographische Bücher und Filme angesehen. Als Endergebnis habe ich das unwohle Gefühl, daß der Versuch, Pornographie loszuwerden, nichts bewirkt, außer ein repressives Klima zu befestigen und die Rechte der Frauen wiederum zu beschneiden – im Namen des Schutzes vor Schmutz.

Bezeichnenderweise arbeiten alle Gegner der Pornographie mit einem ähnlichen Argument, seien sie nun Fundamentalisten, Feministinnen oder Kommissionsmitglieder: Sie behaupten, Pornographie sei ein Rezept. Im besten Fall mache sie Frauen zu Objekten und verstümmele sie im schlimmsten Fall. Das ist eine schlichte These, leicht zu verstehen, leicht zu verkaufen. Einige religiöse Pornogegner arbeiten mit «Sünde» oder einem «sittlichen Lebenswandel», der nach ihrer Definition der radikalfeministischen Fraktion keinen Raum läßt (aber was sind schon merkwürdige Bettgenossen, wenn man sich über den Schmutz einig ist?). In der Hauptsache jedoch reiten die meisten Pornogegner auf dem Schaden herum, den Pornographie anrichtet – und ein Verbot soll diesen Schaden beheben.

Wird es das wirklich? Die 8-Milliarden-Pornoindustrie, die Feministinnen und Fundamentalisten so gern beschreien, gibt es erst seit dem Ende des zweiten Weltkrieges. Vor dem Zwanzigsten Jahrhundert waren es aus gutem Grund nur wenige Leute, die sich mit Pornographie auskannten, denn es handelte sich um Textpornos, und die meisten Leute konnten nicht lesen. Kurz gesagt: der Marquis de Sade war nur eine Angelegenheit wollüstiger Reicher.

Und doch blüht Vergewaltigung, Gewalt gegen Frauen und Inzest seit Tausenden von Jahren, ohne daß es Pornographie brauchte, um den Leuten zu zeigen, wie man das macht. Offensichtlich machten die Männer das ganz gut, Frauen und Kinder zu schlagen, auch ohne die Hilfe von Rezepten – und sie machen es immer noch. Wenn wir unseren Blick auf Saudi-Arabien und den Iran lenken, wo es keine Pornographie gibt, sehen wir nicht gerade Länder mit auffallend vielen Rechten für Frauen. Vielleicht ist also die Verbindung zwischen Pornographie und Gewalt nicht so, wie die Pornogegner das sehen. Vielleicht ist Pornographie nicht verantwortlich für Vergewaltigung und den sexuellen Mißbrauch von Kindern.

Nur für die Akten: Die führenden Wissenschaftler auf diesem Gebiet glauben dies auch nicht. Als die «Meese-Kommission» es sich in der Porno-erzeugt-Gewalt-Theorie bequem machte, waren es zwei Frauen, Ellen Levine (Herausgeberin von «Woman's Day») und Dr. Judith Becker (Direktorin der Sexual Behaviour Clinic am Psychiatrischen Institut des Staates New York), die eine abweichende Meinung vertraten. Sie sagten: «Kein Wissenschaftler mit etwas Selbstrespekt würde die Schlußfolgerungen akzeptieren, die auf dieser Studie basieren.» Edward Donnerstein, einer der Psychologen, der von der Komission am meisten zitiert wurde, nannte ihre Schlußfolgerungen «bizarr».

Donnerstein und die Wissenschaftler Neil Malamuth und Daniel Linz behaupten weiterhin, daß gewaltverherrlichende Bilder die Haltung von Versuchspersonen unter sorgfältig kontrollierten Laborbedingungen beeinflussen können. Aber nicht sexuelle Bilder. Und im letzten Jahr berichtete das Institut für Kriminaljustiz in Kopenhagen, daß in den europäischen Ländern, wo die Beschränkungen für Pornographie gelockert wurden, die Vergewaltigungsrate während der letzten zehn bis zwanzig Jahre zurückging oder konstant geblieben ist. In einem Artikel des «American Psychologist» von 1987 schreibt Donnerstein: «Wir sollten um die nachteiligen Effekte des Konsums gewalttätiger Bilder besorgt sein, sowohl in der Pornographie als anderswo. (...) Basierend auf empirischen Untersuchungen ist es unangemessen, für Gesetzesverschärfungen Pornographie herauszulösen. (...) Wenn die

Komission nach Wegen gesucht hat, die schändlichste Bedrohung durch die Medien zu zügeln, hat sie sie verfehlt.»

Ich würde sagen, sie *hat* sie verfehlt. Während sie ihre Nase in die Pornos steckte, hat sie die wirklichen Gründe für Frauenfeindlichkeit und Vergewaltigung übersehen. Sie hat, beispielsweise, die ökonomische Lage von Frauen übersehen, die immer noch 60 Cents verdienen, wo ein Mann einen Dollar macht. Männer sehen Frauen als Bürde, als nervtötende Fesseln ihrer Freiheit. Und erwachsene Männer stehen nicht gern unter dem Pantoffel. Die Kommission übersah auch die Infantilisierung von Frauen, die es den Männern erlaubt, ja, sie geradezu ermutigt, uns voller Haß zu betrachten. Jungs lernen Frauenfeindlichkeit nicht durch Bilder nackter Damen, sie lernen es von ihren Vätern, die zu ihren Frauen sagen: «Ach, halt die Schnauze!»

Vielleicht ist es der wichtigste Fehler der «Meese-Kommission», daß sie nicht verstanden hat, was Pornographie ist.

Sie waren so scharf darauf, die Rezept-Ideologie zu bestätigen, daß sie die Tatsache vergessen haben, daß Pornographie *Phantasie* ist. Sie ist näher an Horrorfilmen, Science-fiction und Träumen als an Unterrichtsmaterialien oder Kochbüchern. Pornographie ist schematisch, übertrieben, ritualisiert und wie andere Formen der Phantasie agieren wir hier Wünsche und Ängste aus, unsere grundlegendsten Emotionen.

Wenn wir in unsere Phantasien eintauchen – ob wir sie uns nun ausdenken oder aus Büchern oder vom Fernsehschirm beziehen –, begeben wir uns in Szenarios, die im richtigen Leben zu angsteinflößend oder intensiv wären. Wir konfrontieren uns mit einer großen bösen Sache (Versagen, Darth Vader, der Chef), die uns hinwegzufegen droht. Wir kämpfen gegen sie, und wir gewinnen. Und wir bekommen das, was wir am meisten brauchen: Sicherheit, Anerkennung und Vergnügen. In der Sicherheit unserer Sessel flirten wir mit unseren Ängsten und enden als Sieger.

Diese imaginären Siege sind absolut notwendig für unsere geistige Gesundheit und unser Überleben. Keine Person und keine Gesellschaft hat ohne sie gelebt. Sie helfen uns über die Katastrophen und Zweifel unseres Lebens hinweg. Wir finden sie in unseren Mythen und Filmen, auf Gemälden und an Höhlenwänden, in unseren Träumen und Sexphantasien. Pornographie unterscheidet sich nicht von anderen Phantasien. Durch sie bearbeiten wir unsere Ängste und Wünsche, aber in der Pornographie sind sowohl die Dinge, die uns angst machen als auch die, nach denen wir verlangen *Frauen* – oder genauer: Mutter, von der wir alles gelernt haben.

Schließlich ist es die Mutter, die uns knuddelt, nährt und ein Wohlbefinden vermittelt, wie wir es nie mehr erfahren werden. Aber in dieser frühen Zeit unseres Lebens sind wir auch völlig abhängig von ihr. Sie kann nicht immer da sein, wenn wir sie brauchen, und das macht uns ängstlich und böse zugleich, denn wir sind auf Leben und Tod abhängig von ihrer Aufmerksamkeit. Wir haben Angst davor, von Mutter verlassen zu werden, und sind wütend über unsere Abhängigkeit von ihr, aber wir wollen sie mehr als alles andere. Sie ist unsere größte Bedrohung und unsere größte Belohnung. Wir wollen mit ihr kämpfen, sie übertreffen und sie für uns gewinnen.

Ob wir das nun gut finden oder nicht, müssen wir dieses Päckchen für den Rest unseres Lebens tragen. Und nichts löst unsere Mutterkonflikte mehr aus als Sex. Beim Sex sind wir am kindlichsten. Plötzlich haben wir keine Kontrolle mehr und fühlen im Vergnügen, das wir so dringend brauchen, von jemandem abhängig zu sein. Einen Moment lang hat ein Liebhaber Mutters Macht, uns hinzureißen oder in der Luft hängen zu lassen. Es ist unvermeidlich, daß wir unsere kindlichen Wünsche nach Aufmerksamkeit und unseren Zorn, daß Mutter nicht immer da ist, auf alle anderen Frauen in unserem Leben übertragen.

In einer Welt, wo fast nur Mütter mit der Erziehung der Kinder beschäftigt sind, ist unsere Haltung gegenüber Frauen sehr ambivalent. Aber es gibt ein Moment der Wut auf Frauen, das Männer spüren, Frauen jedoch nicht, denn: Frauen sind immer auch «wir». Dazu kommt noch die Männlichkeitserziehung, die Aggression zu einem täglichen Projekt der Maskulinität macht und sagt, daß es nicht nur für Männer akzeptabel ist, ihre Frustrationen durch gewalttätige Ausbrüche auszudrücken, sondern daß dies sogar besonders männlich ist. Obwohl wir alle unsere Konflikte mit Frauen haben, sind es die Männer, die sich die Freiheit nehmen, dies mit Nachdruck zu thematisieren.

Das ist es, was in der Pornographie zum Vorschein kommt: Begierden und Wut, die wir in Träumen und Horrorfilmen, Märchen und Filmen wie «Die Invasion der Körperfresser» immer wieder ausagieren. Sei es nun in der Pornographie oder auf ganz anderen Feldern der Phantasietätigkeit: wir konfrontieren uns mit dem Leiden, um am Schluß als Sieger dazustehen. Manchmal reicht es schon, einen weiblichen Körper zu sehen, um ein ganzes Bündel an Phantasien zu entfesseln. Man will diesen Körper greifen, ihn haben, berühren, schmecken und sich von dem Vergnügen, das er spendet, überwältigen lassen. Aber man hat auch Angst, daß er nicht da sein könnte und wird ärgerlich über die Drohung seiner Abwesenheit. Jetzt will man ihn sich also greifen, ihn haben, ihn schmecken (schlagen, besitzen, fesseln) und sich um so mehr von ihm überwältigen lassen. Manchmal handelt Porno ausschließlich von solchen Geschichten.

Auf jeden Fall kann Pornographie nur die psychosexuellen Muster entfalten, vergrößern oder destillieren, die ohnehin schon in unseren Köpfen sind. Pornographie hat sie nicht dort hineingepackt und ein Verbot von Pornographie wird sie nicht ausradieren. Eine historische Betrachtung zeigt, daß die Industrie sehr viel stärker *reagiert*, als kreativ *agiert*. Schauen Sie sich nur die Pornographie des 19. Jahrhunderts mit all ihren Entjungferungsphantasien an. Das überrascht nicht in einer Gesellschaft, die besessen war von der Jungfräulichkeit ihrer Bräute. In dem Maße, wie Jungfräulichkeit unwichtiger wurde, ist auch die Entjungferung einer Frau weniger wichtig geworden. Kein Verbot – kein Reiz. Geht es nicht mehr länger ums Kämpfen, Übertreffen, Gewinnen, werden die Deflorationsphantasien zu den Fetischen von ganz wenigen.

Pornographie erzählt ebenso wie Science-fiction, Kunst und Werbung etwas über die Gesellschaft, die sie produziert hat. Aber sie ist nicht in erster Linie verantwortlich für den Zustand unserer

Gesellschaft. Männer mögen Frauen lieben und hassen – und deshalb ausfallend gegen uns werden –, aber sie tun das nicht, weil es Pornographie gibt. Sie tun es, weil wir so leben wie wir leben. Wenn wir unsere Haltung gegenüber Frauen verändern wollen, müssen wir die Art und Weise ändern, in der wir unser Leben führen. Und wir sollten nicht unsere Zeit mit infantilen Bildern verschwenden, denn das ist alles, was Pornographie in Wirklichkeit ist.

Ein Pornoverbot wird unsere Lebensführung nicht verändern. Selbst wenn wir die Pornographie loswerden, wird dies nicht unsere Ambivalenz gegenüber Frauen und die daraus resultierende Gewalt beseitigen. Das einzige, was wir erreicht hätten, wäre einen gefährlichen Präzedenzfall dafür zu schaffen, wie man Bilder, die einen am meisten ängstigen, unterdrückt. Und wir hätten den antifeministischen Rechten etwas zugespielt. Die Rechte der Frauen in diesem Land haben deswegen Fortschritte gemacht, weil Frauen in der Lage waren, Dinge zu sagen und zu drucken, die für viele Leute genauso unmoralisch sind wie Pornographie. Gerade Frauen sollten zu schätzen wissen, was es bedeutet, Dinge benennen zu können, die für manche Leute, ja, für die meisten Leute unangenehm, widerwärtig und als nicht für die Öffentlichkeit bestimmt gehalten werden.

Wenn es wirklich ernst damit wäre, Vergewaltigungen und Gewalt gegen Frauen zu verhindern, sollten Feministinnen und die Mitglieder von Regierungskommissionen sich lieber um das politische und ökonomische System kümmern, das Frauen arm und machtlos macht. Wenn es uns ernst damit wäre, den *psychologischen* Antrieb hinter der männlichen Liebe / Haß-Beziehung zu Frauen zu begreifen, müßten wir einen Blick auf die Art und Weise werfen, wie wir unsere Kinder erziehen. Wir sollten Väter haben, die ihre Kinder einen vollen halben Tag lang halten und streicheln, die zärtlich sind, die füttern und die Windeln wechseln. Laßt Dad zur Hälfte die Quelle von Babies Zufriedenheit und Vergnügen sein, und laßt ihn die Hälfte des Tadels dafür einstecken, daß er nicht immer und jederzeit da ist.

Mit diesem Arrangement hätten wir immer noch Phantasien und Pornographie, wo wir unsere Ängste und Wünsche ausagieren, aber diese Ängste und Wünsche gingen nicht so sehr auf Kosten der Frauen. Die pornographischen Bilder und Geschichten, die wir erfinden würden, wären vielleicht weniger *sexistisch*.

Es gibt einige antipornographische Argumente, die es wert sind, an diesem Punkt angesprochen zu werden. Einige Frauen behaupten, Pornos seien nicht Phantasie, sondern ihre Ehemänner oder Freunde folgten ihnen wie einem Handbuch für Autoreparatur. Sie behaupten, ihre Männer kämen erst durch Pornos auf bestimmte Ideen und zwängen sie, das zu tun, was die Fotos abbilden.

Ich möchte darauf hinweisen, daß das Problem nicht die Fotos und Stellungen sind, sondern der *Zwang* – ökonomisch, psychologisch und körperlich. Die häuslichen Probleme von Frauen beginnen nicht mit der Pornographie. Ihre Probleme beginnen mit der Machtlosigkeit. Wenn wir uns mit Nötigung beschäftigen – ganz gleich, ob sexuelle Nötigung oder ob es darum geht, wer wem das Bier bringt, müssen wir uns mit den Gründen dafür beschäftigen, warum Männer soviel Macht haben und Frauen so wenig. Warum haben einige Frauen immer noch soviel Angst davor, «Nein» zu sagen? Oder besser: «Nein, verstanden!?»

Ein weiteres Argument leitet sich von den Vergewaltigern und schlagenden Männern ab, die ihren Sozialarbeitern sagen, sie hätten das alles aus Pornos gelernt. Das ist ein prima Trick, mit dem man den Kopf aus der Schlinge zieht. Zuerst war es der Teufel, der sie zu allem veranlaßte, und nun ist es Miss Jones. Aber schauen wir uns einmal an, was hier wirklich passiert. Schuld sind wieder mal die Frauen. Männer hatten immer als Entschuldigung die «aufreizende Kleidung». Ein zu kurzer Rock, ein zu tiefer Ausschnitt – und schon war die Vergewaltigung Schuld der Frau. Nach der Logik von Anti-Porno ist es immer noch Schuld der Frauen – wenn nicht die der Frau im kurzen Rock, dann die der Frau im Magazin. Wenn nicht die Frau im Zimmer, dann die Frau an der Wand. Warum sind wir so abgeneigt, erwachsene Männer für das verantwortlich zu machen, was sie tun?

Schließlich: Was ist mit der Behauptung, Männer vergewaltigen deshalb, weil sie durch Pornographie gelernt haben, das sei in Ordnung oder Frauen würden das mögen? Hier läuft irgendwas schrecklich falsch. Feministinnen verbrachten ein Jahrzehnt damit klarzumachen, daß Vergewaltigung kein vergnüglicher Sex ist, sondern wüste Gewalt.

Aber ich vermute, das Gesicht seines entsetzten Opfers vor sich, war es dem Vergewaltiger immer schon klar, daß sie nicht «will». Männer vergewaltigen, weil es weh tut, und sie tun es, um uns weh zu tun.

Wenn wir uns mit der Vergewaltigung beschäftigen, muß uns das «Warum» interessieren. Was passiert im «richtigen Leben», daß den Wunsch in Männern weckt, soviel Schmerz zuzufügen?

Es gibt noch eine bohrende Frage: Warum fühlt sich Anti-Porno so im Recht? Warum ist Anti-Porno für viele Männer und Frauen so verführerisch? Erst einmal hat es den Anstrich von Aktivismus. Da Pornographie sichtbar ist und teilweise verboten, kann man sich relativ leicht dagegen organisieren. Sehen Sie nur mal den Ruhm, den die Organisation Women Against Pornography (WAP) erreicht hat. Die Mitglieder glauben, daß sie etwas tun, um das Los der Frauen zu verbessern – und wir alle brauchen das Gefühl, etwas Sinnvolles zu tun.

Da Pornographie verglichen mit ökonomischer und sexueller Diskriminierung ein kleines Problem ist, hat man vor allem das Gefühl, daß man sie besiegen könnte. Nach jahrelanger anstrengender Arbeit gegen sexistische Ökonomie und Politik war die Anti-Porno-Bewegung ein Segen für die Frauen, die endlich auch einmal gewinnen wollten.

Die Psychologin Paula Webster meint, daß hier noch etwas anderes mitspielt. Sie glaubt, daß sich Anti-Porno so im Recht fühlt, weil hier die «Stimme von Mama» ertönt. Daran mag etwas sein. Die meisten von uns sind mit der Vorstellung groß geworden, daß Sex schmutzig ist; die meisten Frauen sind in der Gewißheit aufgewachsen, daß Männer gefährlich sind. Ob wir das nun indirekt oder direkt gehört haben, wir haben es gehört.

Als Erwachsene gelingt es den meisten von uns, sich davon zu befreien. Aber die alte Lektion bleibt in unseren Vorstellungen und im innersten unserer Gefühle. Wenn nun jemand sagt, Pornographie sei schmutzig und mache Männer zu gefährlichen Wesen, dann macht es «klick». Wenn wir in der Sprache von Erwachsenen und in politischer Terminologie Sachverhalte hören, die wir als Kinder aufgenommen haben, dann klingen sie richtig in unseren Ohren. Da wir ohnehin dem Sex mißtrauen, sind wir bereit, ihn ein Verbrechen zu nennen.

Es gibt sehr viel Gewalt gegen Frauen – das FBI berichtet, daß in den USA alle 18 Sekunden eine Frau geschlagen und alle paar Minuten eine Frau vergewaltigt wird. Aber es ist die Gewalt, die das Zentrum des Problems ausmacht, nicht unsere sexuelle Phantasie. Und ich möchte bis zum Zentrum vordringen, möchte unsere Zeit und unsere Möglichkeiten klug nutzen. Frauen haben von beidem nicht soviel. In den letzten Jahren haben Feministinnen, die Regierung und die Medien ziemlich viel Geld für die Pornodebatte ausgegeben.

Und doch mußte die New Yorker Gruppe «Frauen gegen Vergewaltigung» fast dichtmachen, weil ihr keine Gelder zur Verfügung gestellt wurden.

Und die gleiche Regierung, die die «Meese-Kommission» finanzierte, verhinderte die Verteilung der bereitgestellten Gelder für Frauenhäuser, da sie offensichtlich «gegen die Familie» seien.

Niemand wird mich davon überzeugen, daß eine Regierung, die Gelder kürzt und Hunderte von Programmen streicht, die Frauen zugute kommen, die Pornographie bekämpft, eben weil sie diese Frauen gefährdet.

Wir dürfen uns nicht übers Ohr hauen lassen, weder von einer doppelzüngigen Regierung noch davon, was sich «gar nicht so falsch» anhört. Wenn wir die Pornographie loswerden, obwohl Vergewaltigung, Gewalt gegen Frauen und Diskriminierung so lange schon in hoher Blüte stehen, werden wir uns immer noch mit Vergewaltigung, Gewalt gegen Frauen und Diskriminierung herumschlagen müssen.

Es gibt noch einen Grund, beim Echo auf Sex-ist-schmutzig/Männer sind-gefährlich skeptisch zu sein. Es ist defensiv und gibt vor, die Frauen vor Gefahr zu schützen. Aber man kann nicht nur defensiv vorgehen, wo Frauen sich mit politischer, ökonomischer und physischer Schlagkraft schützen müssen. Wir können unser Leben nicht in Angst leben. Frauen müssen ihre Gelüste entwickeln und herausfinden, wie es ist, Geld und Zeit für Sex aufzubringen. Und wir können nicht bis nach der Revolution warten.

Keine ist in der Stimmung, Geld und Zeit für Sex aufzubringen, zu flirten und Abenteuer zu haben, wenn sie bis ins Innerste Angst hat. Furcht lähmt. Sie macht einen willig, alles für einen faustischen Handel um Sicherheit herzugeben. Anti-Porno verkündet nicht nur, daß Vergewaltigung gefährlich ist, sondern auch Vergewaltigungsphantasien. Sie erzählen Frauen, daß das Leben immer mehr Gefahren mit sich bringt. Und während sie dies tun, machen sie den Frauen Angst. Sie pressen uns als Preis für unser Leben Reinheit und Keuschheit ab. Auf einer Konferenz der «Frauen gegen Pornographie» im April 1987 hörte ich zum erstenmal von der Vertreterin einer Gruppe namens «Frauen gegen Sex». Sie sehen nicht nur Pornographie und Prostitution als Ausdruck männlicher Dominanz, sondern auch Selbstbefriedigung, Cunnilingus und Geschlechtsverkehr. Und sie empfehlen «Widerstand».

Ist das eine Vision für Frauen? Ich dachte, die Antwort auf Machtlosigkeit sei, mehr Macht zu verlangen – nicht dumm herumzustehen und sich auf die Lippen zu beißen. Ich dachte, die Antwort auf schlechten Sex sei guter Sex, nicht überhaupt kein Sex. Ich dachte, der Feminismus würde Frauen helfen, beides zu verlangen, Macht und Sex, und beides zu bekommen, beides zu nehmen. Seit wann ist das größte, was wir erwarten können, nichts zu bekommen?

Frauen können sich eine Bewegung nicht leisten, die uns erzählt, Sex oder sexuelle Darstellungen seien so gefährlich, daß wir den Sex aufgeben und sexuelle Darstellungen zerreißen müssen. Zuerst einmal ist dies gar nicht möglich und außerdem brauchen wir sie in ihrer verlockend-ängstigenden Art. Wir können nicht vor der Leidenschaft oder Bildern der Leidenschaft wegrennen und hoffen, daß wir sicher sind, wenn wir ihnen fernbleiben. Pornographie zu haben, um sich in ihr auszuagieren, ist ein Teil unserer Sicherheit wie unserer geistigen Gesundheit. Frauen dürfen nicht zu dem Glauben verleitet werden, Sex sei sexistisch.

Volker Elis Pilgrim

Pornographie ist Hexenverfolgung mit anderen Mitteln

Für Ulfa von den Steinen

Männer denken, wer sich gegen Pornographie stark macht, sei prüde. Ich rede und schreibe gern geil, anzüglich, schamlos. Im «Selbstbefriedigten Menschen», Teil «Rezepte für das Geschlecht» gab ich einige meiner Wichspraxen und Selbstlusterlebnisse preis. «Manifest für den freien Mann» und «Das Paradies der Väter» können ebenfalls zum Einstimmen dienen, worin vom «Ficken», von «Löchern», von «Arsch» und «Scheiße» die Rede ist. Erst auf breite Intervention der Deutschen hin, ich sollte meine «schönen Gedanken» nicht immer mit «solchen Wörtern» mischen und dadurch ihren Weg zu vielleicht weniger geilen Leserinnen und Lesern verstellen, habe ich mich gezügelt und mich bemüht, in meinen jüngsten Büchern die Drastik des geschlechtlichen Aufeinandertreffens mit umschreibenden, vor allem mit sanften Wörtern in den Griff zu bekommen.

Ich sehe die nackten Tatsachen, das sexuelle Mensch-bei-Mensch-sein mit Vergnügen. Ich wuchs unter einer Malerin als Nebenmutter auf, die mich Bilder der Unverschämtheit geschlechtlichen Direktwerdens anschauen ließ. Fuchs' «Sittengeschichte» brachten mich zum Überlaufen. Ich sah die ersten Filme und Bilder vom Ficken mit ähnlichem Herzpochen, mit dem ich mich zwischen den Laken benahm. Anzügliche Szenen aus der Zeit des Stummfilms, ins historische Kostüm verlegt und jedesmal im simplen Ficken endend, machten mir Spaß wie die Zelluloid-Reizstorys der frühen 70er Jahre, die immer auf das sogenannte eine hinausliefen. Mein sexuelles Interessengebiet – Frauen-Männer-Ficken – vorgeführt zu bekommen, heizt mich an. Es erregt mich, wenn die Doppelarschbolzerei, das Kolben-auf-und-nieder-Fahren losgeht.

Da ich vor etwas mehr als zehn Jahren «umsattelte», das sexuelle Territorium wechselte, habe ich auch ungefähr so lange Zeit keine Sexfilme mehr gesehen, in denen Frauen mitwirkten. Aufgefordert, mich mit Pornographie zu beschäftigen, war ich zögernd, weil sie in meinem Leben so gut wie keine Rolle spielt. Erst das genaue Studium der Machwerke der gegenwärtigen Porno-Industrie stachelte mich an, überzeugte mich von der Notwendigkeit, daß es eindeutige Voten von Männern gegen Pornographie geben muß.

Ich bin in der günstigen Lage, zwei Gebiete der bildnerischen sexuellen Ausdrucksweise genau zu kennen, wodurch ich bei einem Vergleich zwischen ihnen und der Pornographie schärfer herausarbeiten kann, was an pornographischem Material verabscheuungswürdig ist.

Das erste Gebiet betrifft Meisterwerke der abendländischen und asiatischen Malerei, Zeugnisse erotischer Kunst berühmter Maler. Diese Bilder wurden angefertigt für die Schlaf- und Lustzimmer von Fürsten, hängen noch heute nicht in öffentlichen Galerien. Sie modern in Staatsarchiven oder privatisieren in Sammlerstuben vor sich hin. Einmalige Ausstellungen oder Bildbände erotischer Kunst machten mich mit ihnen bekannt. Wie Rembrandt, Rubens, Raffael, Tizian, Tintoretto, Fragonard, Boucher, Watteau und viele andere, so auch die alten japanischen und persischen Meister, Frau und Mann in Brunst miteinander zeigen, das läßt keine Hose trokken. Wie die Göttinnen und Götter, Heldinnen und Helden sich aufeinander zuspannen, was Leda alles mit dem Schwan, Europa mit dem Stier, Ganymedes mit dem Adler macht, wo «Potiphars Weib» den keuschen Joseph hinhaben will, wie die vielmalig sich rekelnde «Venus» Frauen im Wollen, in der Vorbereitung, in Bewegung, im Rausch zeigt, daran habe ich meine Freude empfunden. Es wäre zu empfehlen, diese Meisterwerke für immer der Öffentlichkeit zugänglich zu machen, um dem Publikum den Unterschied zwischen erotischer Kunst und Pornographie deutlich zu zeigen.

Das zweite Gebiet sexueller Darstellungen betrifft Erzeugnisse schwuler sexueller Reizprodukte. Bei ihnen ist sogar der andere Mann Objekt der Lust des einen, weil geschlechtliche Lust nun einmal etwas mit Scharfwerden auf ein Objekt zu tun hat, das Reize aussendet. Einzelne Männer zeigen sich, preisen sich an, zwei Männer äußern ihre Lust aufeinander. Alle Lustpraxen und -variationen kommen vor. Mehrere Männer sind in diversen Positionen aneinander zugange. Auch bei den Darstellungen von Sado-Maso-Praktiken, dem Gefesseltwerden, Gespreizt-beinig-Aufgehängt- und Faustgeficktwerden, ist deutlich zu sehen, daß es sich bei dem Gezeigten um sexuelle Spielarten handelt, daß derjenige, der den Maso-Part übernimmt, dies will, daß es sich bei seiner Position um ein Extrem sexuellen Verlangens handelt.

Pornographie zeichnet sich gegenüber den beiden Beispielen dadurch aus, daß die Frau für immer als wollendes Subjekt ausgeschaltet ist. Sie ist auch nicht mehr ersichtlich als ein Subjekt, das sich willentlich in die Position des Objekts begeben hat. Die Frau ist *willenloses* Objekt. In der Pornographie wird die Frau zum Gegenstand der Lust des Mannes. Wenn sie nur Gegenstand der *Lust* wäre! Sie ist in den sogenannten Hard-Pornos Gegenstand der Demütigung, der Qual und des folterischen Sterbens. In der Pornographie wird die Frau zum Spucknapf männlicher Triebe, zum Spielball männlicher Umtriebe gemacht. Die Würde des Geilen ist ihr genommen worden, die jede begehrliche, erregte, extatische Frau auf den Bildern erotischer Kunst ausstrahlt, die jeder Mann in Darstellungen schwuler Praxen hat.

Pornographie ist Hexenverfolgung per Zelluloid. Bei der Gewaltanwendung gegenüber Frauen gibt es eine Parallele zwischen der dreihundertjährigen Hexenverfolgung und der modernen Gleichung: Pornographie ist die Theorie, Vergewaltigung ist die Praxis. Jahrhundertelang wurden Frauen von Männern ergriffen, wurde ihr Geschlechtsleben voyeuristisch ausgeforscht, wurden Frauen während der Verhöre erniedrigt, gequält, die Ausdrucksformen ihrer Sexualität und ihres Körpers als Teufelszeugnisse verfolgt und geächtet, Verhütung und Abtreibung geahndet, wurden Frauen schließlich zu Tode gefoltert, dem allmählichen, wahnsinnig schmerzenden Verbrennungssterben ausgeliefert.

Für die Pornographie vernetzen sich die Männer – wie sie es beim Kapitel «Hexen» getan haben – zu einem Bündnis von Tätern, Willfährigen, Spannern, Konsumenten, Produzenten, Nutznießern, Ideologieeinschleifern. Ob politisch rechts oder links – so gut wie alle haben ein Interesse, sich an Frauenkörpern sexuell zu delektieren.

Die Pornographie-Gewalt-Spirale beweist, daß die Unterdrükkung der Frau durch den Mann nur scheinbar etwas abgenommen hat. In Wirklichkeit ist sie verschoben worden. Immer noch vollbringen Frauen 75 % aller notwendigen Arbeiten, bekommen dafür 10 % des Lohns und besitzen 1 % des Eigentums. Die minimalen Erleichterungen im Berufs- und Intimleben der Frauen werden wieder wettgemacht durch das Ausgesetztsein jeder einzelnen Frau gegenüber der Willkür von Lust, Prügel, Schikane, Sadismus und Tötungsdrang der Männer.

Da die Pornographie keine Anregung, sondern Anstiftung ist – Anstiftung zum fortgesetzten Benutzen, Demütigen, Lächerlichmachen, Quälen und Töten von Frauen –, muß sie verboten werden. Männer können ein Zeichen setzen, auch wenn dadurch das eine oder andere Erzeugnis harmloseren Charakters dem Gesetz zum Opfer fiele. Was fällt denn dann zum Opfer? Ein billiges, frauenausbeuterisches Anregungsmittel! Auf das zu verzichten, wäre eine Geste von Männern, ein Teil der «Wiedergutmachung» des jahrtausendelangen Elends und der Schmach von Frauen. Wiedergutmachen! Hier wie bei der bundesrepublikanischen finanziellen Reaktion auf Dritte-Reichs-Greuel ein falsches Wort. Beim Anti-Pornographie-Gesetz handelt es sich schlicht um einen längst fälligen Schadensersatz. Mit der Pornographie wird Frauen ein

Leid angetan. Der Verzicht darauf hilft Frauen bei ihrer schwierigen Emanzipation vom Objekt zum Subjekt.

Es machte überhaupt nichts, wenn das Verbot der Pornographie das Verbot unterschwellig-sexueller Reizwerbung mit umfassen würde. Die Werbung für den Warenmarkt und das Journalgeschäft ist durch und durch pornographisiert. An jeder Litfaßsäule und Plakatwand, auf jedem zweiten Titelblatt einer Illustrierten, in jedem dritten Fernsehspot bekommt der Mann ein Produkt mit sexuellen Stimulanzen untergejubelt. Im Zeitalter von Aids muß die Rund-um-die-Uhr-Anheizung des Mannes eingestellt werden, weil durch sie seine tendenzielle Promiskuität gesteigert wird.

Wie die Lage aussieht, weigern sich Männer aller Gesinnungen und politischen Meinungen, das Verbot der Pornographie durchzusetzen, anzustreben und zu propagieren. Die Analysen, erstellt von feministischen Frauen, sind mit unübersehbar vielen Fällen zu belegen: bei zunehmender Pornographie steigt auch die Gewalt gegenüber Frauen und Mädchen an. Offenbar trifft diese Tatsache auf eine geheime Genugtuung von Männern. Pornographie entzügelt die männliche Gewalt nicht nur, sie stößt auch auf eine latent vorhandene Bereitschaft der Männer, sich sadistisch gegenüber Frauen zu benehmen. Das Gewaltpotential ist in den Männern schon angelegt und bekommt mit Hilfe von Porno-Erzeugnissen einen der vorzüglichsten Wege seiner Freilegung geebnet.

Hetero-Pornos, Frauen und Schwulen in gleicher Weise wie Männern vorgeführt, würden bei jenen Personengruppen nicht die Funktion einer Gewaltentsicherung einnehmen. Die Reaktion ist konträr: Frauen und Schwule ekeln oder langweilen sich vor dem, was Männer anheizt. Also wird nicht das menschliche, sondern das (hetero)männliche Gewaltpotential durch Pornos freigesetzt.

Der Porno trifft auf das Rachebedürfnis des sogenannt normalen Mannes, das er gegenüber Frauen schwelend hat. In den Pornos und den sexuellen Gewalttaten gegen Frauen kommt zum Ausdruck, daß Männer das Sexuelle hassen, ja, daß sie es lokalisiert an den Geschlechtsteilen der Frau, bei ihren kruden Befriedigungsarten sogar auslöschen wollen. Die Frauen, die ganz mit dem Sexuellen identifiziert werden, die es quasi pur betreiben, die Prostituierten, ziehen am meisten Verachtung auf sich und werden fast regelmäßig zu Opfern grausamer Zurichtung.

Der Haß auf Frauen, auf das Sexuelle der Frauen, hat seinen Ursprung im Verhältnis der Männer zur ersten Frau ihres Lebens, zu ihrer Mutter. So schmerzhaft dieser Gedanke für Frauen sein mag, er muß bei der Beschäftigung mit den Ursachen der Gewalt von Männern gegenüber Frauen auf seinen Wahrheitsgehalt hin untersucht werden. Ein Haß kann nicht nur gesellschaftlich eingeredet, nicht durch Bildwerke erst erzeugt werden, er ist schon da, er wird durch die Pornographie abgerufen und in Ausdrucksformen gelenkt, ihm wird eine Abreaktion gebahnt.

Es gibt eine Gehilfenschaft der Frauen bei der Deformation der Sexualität des Mannes, die sich für einen einzelnen so verzerrt äußern kann, daß er Gewehrkolben in die Scheide rammen will. Diese Gehilfenschaft heißt «zurückgeschraubte Hausfrau und sterile Mutter». Die Mutter im Bild der «Madonna» ist eine asexuelle, eine geschlechtlich stillgelegte, eine das Sexuelle verachtende Frau. Frauen werden zwar von der Männergesellschaft in diese Rolle hineingezwungen, verharren aber gegenwärtig in der noch immer überwiegenden Mehrzahl der Fälle darin, ohne daß sie mit dem Leben bedroht würden – die Ereignisse rasend gewordener, eifersüchtiger Ehemänner ausgenommen –, wenn sie diese Position verließen, wie das vor Jahrzehnten, Jahrhunderten der Fall war. Dieses Sich-Dreinschicken ins Still-Gelegtwerden ist der Anteil der Frauen an der Herstellung des männlichen Gewaltpotentials. Der amerikanische «Postmörder», ein Mann, der in ein Postbüro eindrang und über zehn Menschen tötete, «liebte nur seine Mutter». Der britische «Abziehbildkiller», der in einer englischen Kleinstadt fünfzehn Menschen erschoß, war «Mutters Liebling».

Ein Brutal-Sohn identifiziert sich in Ermangelung einer positiven Vatergestalt mit seiner asexuellen Mutter, verachtet wie diese alles Sexuelle, besonders den sexuellen Teil ihres Körpers, den die Mutter nicht mehr zum Ausdruck bringen kann. Was aber noch viel bestürzender ist: durch seine unabgelöste Nähe zur Mutter kann der Sohn keine Entwicklung in eine positive Männlichkeit hinein durchmachen. Der ferne, fehlende, abwesende, schlappe, saufende, brutale, lieblose, widersprüchliche, an Kindern desinteressierte, von der Mutter gehaßte oder die Mutter verachtende Vater verhindert beim Sohn den Aufbau einer gelungenen Geschlechtsidentität als Mann. Das scheinbar naturhaft angelegte Verlangen des Mannes nach liebendem Einvernehmen, eindringlichem Sich-Entäußern, das in Wirklichkeit unter menschlichem Einfluß entwickelt werden muß, pervertiert bei der Erfahrung eines negativen Vaterbildes zu Stoßen, Stechen, Schlitzen, Schießen. Aus Schwanz wird Gewehr. Das, was reizen, was Begehren auf sich richten sollte, das Geschlecht der Frau, wird zur Bedrohung. Ihm kann der Mann – verursacht durch Vaterferne und Mutternähe – nicht begegnen. Er fühlt sich von ihm provoziert, muß es vernichten, will mit der Demütigung und Folterung alles Weiblichen davon ablenken, daß er nicht hat, was der Frau gerecht werden könnte.

Ein Anti-Pornographie-Gesetz erfaßt deshalb nur eine der vielen Auswirkungen männlicher Gewalt. Wenn der Mann sich so nicht abreagieren kann, wird er sich neue Schubwege suchen. Wir müssen weiter an den Ursachen arbeiten, die die Männer zu Gewaltspezialisten, zu Killern, Schießern, Vernichtern machen. Und diese Ursachen liegen in den patriarchalischen Familienrollen der unterdrückten, nahen Mutter und des unterdrückerischen fernen Vaters.

Die Suche nach den Ursachen der Gewalt des Mannes führt also immer wieder zurück in die Männergesellschaft selbst, trifft auf die Hintanstellung der Frau als «funktionales Geschlecht», auf die Gleichsetzung «Mann-Mensch», auf die Verlegung der Frau in den Bereich: Kind, Wohnung, Mannbefriedigung. Um ein «funktionales Geschlecht» zu werden, ein auf Tätigkeiten eingeschränkter Mensch, der keine Identitäten heranbilden und nicht wie Männer am Erwerbsleben teilnehmen darf, muß die Frau sich von Jugend auf ihr Geschlechtsverhalten verunstalten lassen. Wenn die geschlechtliche Entwicklung des kleinen Mädchens durch eine sterile, sexuell frustrierte Mutter blockiert und durch Vater, Großväter,

Brüder, Onkel und Freunde der Familie irritiert, ja pervertiert wird, wenn Mädchen als Zielscheibe der Begierden des männlichen Umfeldes benutzt werden, dann kann in der Frau kein sexuelles Selbstbewußtsein entstehen. Um am erwachsenen Geschlechtsleben teilnehmen zu dürfen, muß der weibliche Mensch in der Konsistenz der Jungfräulichkeit antreten, die 50% der heiratsfähigen Männer noch immer von ihren zukünftigen Ehefrauen verlangen. Die Schizophrenie zwischen den gesellschaftlichen Botschaften für das Sein der Frau als Jungfrau und dem geschlechtlichen Verhalten der Jungen und Männer, die Mädchen und die Frauen rücksichtslos zur Befriedigung der männlichen Begierden zu verführen, zu benutzen, zu verfolgen, zu bedrohen, inzestuös zu mißbrauchen, zu vergewaltigen und im Extremfall zu töten, bringt Frauen erst in diesen asexuellen, sterilen, geschlechtsverachtenden Zustand hinein. Die Widersprüchlichkeit von Botschaften der Allgemeinheit und Verhaltensweisen des einzelnen Mannes machen die Frauen unfähig, sexuelle Strategien zu entwickeln. Das Knäuel von Frauenbildern und Einschränkungen wie Ängsten, hervorgerufen durch die bedrohliche Männerwirklichkeit, läßt Frauen sexuell willenlos werden.

Aus Mangel an sexuellem Selbstbewußtsein und beruflicher Selbstdefinition schwillt der Emotionsbereich so auf, daß die Frau in ihm käfigtigern kann. Der Sohn wird in das Vakuum von verhinderter gesellschaftlicher und geschlechtlicher Tat der Mutter hineingezogen und muß sich an sie näher binden, als es ihm für seine Entwicklung guttut.

Ende der Gewalt des Mannes heißt immer: Ende der Frauenunterdrückung, Ende der Mädchenbenutzung, Ende der vielfältigen Stopps vor der Entwicklung des weiblichen Geschlechts. Denn diese gesellschaftlichen Gewalttaten gegen die Hälfte der Menschheit werden bei ihr nicht ungeschehen gemacht, sondern kommen über eine lange und komplizierte Wirkungsgeschichte als persönliche Gewalt der nächsten Sohnesgeneration zum Vorschein.

Elmar Kraushaar

Patt

Kein Reden zwischen den Geschlechtern

Erdrückend ist die Last: in einem Kreis von Konsumenten pornographischer Erzeugnisse bricht alles raus: «Ich fühle mich so schmutzig», «Ich habe nur noch einen Ekel vor mir selbst», «Meine Schuldgefühle meiner Freundin gegenüber sind unerträglich». Und erdrückend ist die Last der Beweise, die vor allem Feministinnen gesammelt haben als Nachweis für die verheerenden Folgen von Pornographie:

«Pornographie bedeutet männliche Dominanz und weibliche Unterwerfung. Porno-User sind süchtig und somit potentielle Angreifer. Die Darstellung herabwürdigender Bilder ist bedrohlich für Frauen. Die Darstellung von Gewalt gegen Frauen hat die gleiche soziale Bedeutung wie Gewalt selbst. Pornographische Akte und Szenarien unterscheiden sich in nichts von tatsächlichen sexuellen Akten. Weibliche Sex-Arbeiter sind zu naiv, wurden einer Gehirnwäsche unterzogen oder auf andere Weise machtlos, um ihre eigenen Interessen zu vertreten. Pornographie, die Gewalt zeigt, befürwortet Gewalt gegen Frauen. Da die Porno-Industrie von Männern kontrolliert wird, unterdrückt Pornographie alle Frauen. Männliche Sexualität ist ihrem Wesen nach aggressiv. Geschlechtsverkehr simuliert und ist oft ein Paradigma für Vergewaltigung.» (Barbara O'Dair / Abby Tallmer, in: Caught Looking, New York 1986)

Als aktueller Stand der Pornographie-Debatte läßt sich demzufolge festhalten: Männer sehen sich entlarvt und als Opfer in die Ecke gedrängt, frei nach dem Motto «Denn wir wissen nicht, was wir tun», und jeglicher Ansatz zur Analyse bleibt den Frauen, den tatsächlichen Opfern, überlassen. Vereinzelt schleichen sich Männer in die Offensive und berufen aus den Reihen der Opfer isolierte Porno-Arbeiterinnen in den Zeugenstand. «Seht her, sie kann bestätigen, daß es ihr Spaß macht.» Im Einsatz gegen die massive Kritik tönt es von Selbstbestimmung und Autonomie. Just jene, die sich heftigst immer gegen jegliche Rechte von Frauen auf Selbstbestimmung wandten, werden plötzlich zu schärfsten Verteidigern, da es um ihre Interessen geht.

Die Feministinnen in ihrem Kampf gegen Pornographie nehmen keine Rücksicht außer auf sich selbst. Konsequenterweise stehen alle Männer wie ein Mann auf der anderen Seite. Sie sind angeklagt, und es gibt keine Verteidigung. Die notwendige Auseinandersetzung um Sexualität, die der Debatte innewohnt, wird zugeschüttet. In den Anwürfen, Vorhaltungen und Schuldzuweisungen der Pornographie-Gegnerinnen ist kein Platz mehr für ein beidseitiges Nachdenken. Das Ringen um Bewußtsein und Veränderung im gemischten Doppel bleibt zurück im privaten Bereich. Kein Wunder also, daß sich Männer in der öffentlichen Diskussion weiter ungehindert mit fortschrittlichen Floskeln bewegen können und privat ihrer Mär von der individuellen Ausnahme nachhängen. Dabei geht die Schere nicht mehr auseinander, sondern ist schon längst zugeschnappt.

«Das Thema Sexualität in der gegenwärtigen politischen Situation links liegen zu lassen, heißt, diesen zentralen Bereich denen zu überlassen, die organisiert darauf hinarbeiten, den Feminismus und die Lesben- und Schwulenbewegung von der Bildfläche verschwinden zu lassen.» (Snitow / Stansell / Thompson)

Dies wird gerade in der inzwischen seit Jahren andauernden Diskussion um AIDS deutlich: unter dem Druck der Gefahr einer Ansteckung durch eine tödliche Krankheit wird die politische Dimension klammheimlich der neuen Rechten überlassen. Um so leichter fällt es «fortschrittlichen» Männern, ihren verkürzten und entlastenden Anwurf, gemeinsame Sache mit der moralischen Rechten zu machen, gegen die Pornographie-Gegnerinnen vorzubringen. Den Männern kommt es zupaß, die ihnen eh unliebsamen Feministinnen aus jeglichen politischen Zusammenhängen zu isolieren und sie – endlich – auf der gegnerischen Seite anzusiedeln. Daß dies so möglich ist, verweist nachdrücklich auf den Ort der Männer mit dem Rücken zur Wand, verweist auf ihr desolates Interesse an der politischen Diskussion zum Thema Sexualität, und verweist auf das zwiespältige Desinteresse der Pornographie-Gegnerinnen. Dieser scheinbar unauflösliche Konflikt beweist erneut die laute Differenz der Geschlechter, ihre Fremdheit voreinander und ihren Widerspruch. Die Gegensätze scheinen unüberbrückbar, ein Dialog unmöglich. In der zugespitzten Situation der Debatte verwahren sich Frauen gegen jegliche Erklärungen für die Handlungen der Männer mit Recht, und sie wissen warum. Männer gelangen weder in Distanz zur eigenen Person noch dazu, die diesbezüglichen Verhältnisse mit dem Selbst zu verknüpfen. Augenscheinlich können Männer – wenn überhaupt – nur die Sicht der Frauen übernehmen, ohne sich selbständig ihren eigenen Blick zu analysieren.

Woran kann es liegen, daß die Männer blind sind, schielen oder nur noch durch die feministische Brille starren? «Vielleicht krieg ich hier, was ich sonst nicht finde: schöne Frauen, die dauernd bereit sind, die keinen stehenlassen.» Martin, 27 Jahre, Fernmeldetechniker, ein durch und durch ansehnliches Mannsbild, Porno-User seit seinem 21. Lebensjahr. Im Durchschnitt einmal pro Woche schaut er sich Pornofilme an. Das Reden darüber fällt ihm schwer, und es ist schwer, mit ihm darüber zu reden. Pornobilder sind für ihn alltägliche Kost, nie denkt er darüber nach, seine Kinobesuche sind verschüttet unter dem stereotypen Einerlei. Er sieht keinen Anlaß, darüber zu reden: «Ich erzähl ja auch nicht, wann und wie oft ich aufs Klo gehe.» – «Süchtig?» Martin hält mich für bekloppt. «Das hat doch mit Sucht nichts zu tun.» Aber warum so oft, so regelmäßig? «Ich komme meistens nach Feierabend hierher. Das ist so... na, ich entspann mich halt dabei.» Von Frauenfeindlichkeit, gar Gewalt gegen Frauen will er nichts wissen: «Ich find Frauen toll, sonst würde ich doch nicht hier sitzen.» Am liebsten sieht er, wenn die Frauen sich langsam ausziehen auf der Leinwand, dann kann er sich noch was vorstellen dabei. Schwierigkeiten mit

Frauen hat er keine. Zwar hat er sich von seiner letzten Freundin vor einigen Monaten getrennt, aber hin und wieder lernt er «was kurzes» kennen. «Die sind manchmal ganz schön zickig, haben ihren eigenen Kopf.» Nicht daß er das nicht mag, aber er will nicht immer so viel reden müssen. Das ganze Gerede um Pornographie findet er nicht gut: «Ich laß mir doch nichts verbieten.»

Eike ist 47, verheiratet, eine Tochter, auf Besuch in Berlin. Es stört ihn, daß ich ihn anspreche. Er läuft vor den Videokabinen auf und ab, schließlich kommt er zu mir zurück und erzählt: «Meine Frau dürfte nie erfahren, daß ich mir solche Filme ansehe. Die würde das nicht verstehen. Und... ich mach das ja nicht oft, nur manchmal, wenn ich allein unterwegs bin.» Hier sieht er Sachen, die er nicht kennt, die er noch nie gesehen hat. «Nicht nur die schönen Frauen, sondern auch, was sie anhaben und was die alles so machen.» Er könnte sich nicht vorstellen, daß seine Frau so etwas mitmachen würde: «Aber das will ich auch gar nicht.» Ich soll ihn nicht weiter belästigen. Er dreht sich um, verschwindet in einer Kabine, schließt ab, über der Tür geht das rote Licht an.

Bernd habe ich kennengelernt auf den Männertagen, bei einer Diskussionsveranstaltung zum Thema Pornographie. Als er mich wiedererkennt, will er schnell weggehen. «Das is doch zu blöde.» Er wendet sich mir zu. Bernd ist 31, hat Germanistik studiert und arbeitet jetzt als Taxifahrer. Oft, wenn er mit der Taxe unterwegs ist, kommt er auf einen Sprung ins ‹Sexyland›. «Ich weiß auch nicht genau warum. Ich habe schon so oft darüber geredet, mit Freunden, auch mit meiner Freundin. Mir geht's nicht gut dabei, und doch passiert's immer wieder.» Manchmal nimmt er sich fest vor, daß er sich zusammenreißen will und daß er darauf verzichtet. Und dann wieder, wenn er trotzdem hingeht, will er einen kühlen Kopf bewahren dabei und sich so einen Film mal genau ansehen: «So richtig hingucken, warum das so frauenfeindlich ist.» Und rausfinden will er dann, warum die Männer so schwanzfixiert sind, was für Machos sie alle sind. Aber Bernd weiß auch, daß er sich damit nur was vormacht. «Ich kann nicht so tun, als ob ich der kühle Soziologe wär. Ich finde es dann einfach nur noch geil und muß mir einen runterholen.» Letztens hatte er mit einigen Kollegen, alles Ex-Studenten wie er, eine lange Diskussion über Vergewaltigung. Der Fall eines jungen Mannes, der nach dem Konsum harter Pornofilme eine Frau vergewaltigt und dann getötet hatte, ging gerade durch die Medien. «Noch lange, nachdem ich darüber gelesen hatte, ging mir die Geschichte durch den Kopf. Selbst die Diskussion mit den anderen brachte nicht viel. Ich fühlte mich nur beschissen und hilflos. Ich weiß, ich bin kein Vergewaltiger. Und dann hatte ich Angst, daß mir auch so was passiert, wenn ich immer wieder hierherkomme. Daß es so ist wie bei Drogen, du fängst an, mal mit 'nem Joint und landest schließlich bei den harten Sachen. Und dann weißt du nicht mehr, ob du nicht auch mal ausrastest dabei.» Seine Hilflosigkeit ist spürbar, und er versucht, sich darüber hinwegzureden. «Wie soll ich damit klarkommen? Damals, die Geschichte auf den Männertagen, das war eine gute Sache, ich konnte zum erstenmal darüber reden und mir meine Gedanken dazu machen. Aber danach war wieder Schluß. Es gibt keine Möglichkeit, sich weitergehend darüber auseinanderzusetzen.»

Ihre Hilflosigkeit scheint diesen Männern gemeinsam. Sie werden überfallen mit der Diskussion zu einem ungünstigen Zeitpunkt. Gerade sind sie dabei, das Reden über sexuelle Freiheit mit dem entsprechenden Handeln zu erproben. Daß alles möglich sein soll, wissen sie, schließlich wird es ihnen beständig so vorgeführt. In der Werbung, in den Illustrierten, in Filmen anspruchsvoller und weniger anspruchsvoller Art. Nach und nach wird mit allen Tabus gebrochen, jede Nische für jede erotische und sexuelle Spielart wird ausgeleuchtet und vorgestellt. Wie in einem großen Schlaraffenland muß man nur noch auswählen und zugreifen. Selbst das steigende Selbstbewußtsein von Frauen läßt für Männer vor allem nur den Schluß zu, daß auch sie jetzt wissen, was sie wollen, daß sie zugreifen, daß sie bereit sind. Das ist erregend und angstauslösend zugleich. Das ist so, wie die Geschichte von der schönen Tramperin, die im Minirock abends allein an der Ausfallstraße steht. Wenn Frauen schon keine Angst mehr haben, an einem solchen Ort so aufreizend sich zu zeigen, dann kann man doch auch zugreifen.

In diesem Augenblick aber sagen die Frauen ‹Nein›, und die Männer geraten in Konfusion. Plötzlich wird es offenkundig, daß diese Art der Freiheit für Frauen etwas anderes meint als für Männer. Männer geraten in Rage oder ziehen sich getroffen zurück.

In diesem Wirrwarr entwickelten sich mehr und mehr die modernen Welten pornographischer Bilder. Eine eigene Realität entstand, mit all den Vorzügen und Freiheiten, wie Männer sie verstehen wollten. Das Medium des Blickes mit gleichzeitiger Nähe und Distanz kam ihrer Natur entgegen. Diese Bilderwelt richtete sich einzig auf ihre vordergründigsten und tiefsitzendsten Bedürfnisse ein. Tatsächlich ganz ohne Tabus. Ganz ohne Widerspruch. Ganz ohne Ecken und Kanten. Ohne Aufforderung zum Nachdenken, mit dem Wink zum permanenten Konsum. In dieser Welt der farbigen Dessous und des festen Fleischs hat alles seine Ordnung, sein Oben und Unten, so wie es Männern gefällt. Der ungehinderte Genuß dieser Phantasien auf Papier und Zelluloid gehört für Männer fraglos zu den Errungenschaften einer modernen Zeit.

Daß es nun gerade die Frauen sind, die hierbei ihre Zweifel, ihren Protest und ihren Widerstand anmelden, will Männern nicht schmecken. So kann es sich hierbei, ihrer Meinung nach, nur um ‹häßliche Weiber, die keinen abgekriegt haben› handeln. Und auf der politischen Ebene sind's – wie schon erwähnt – jene, die mit den Rechten an einem Strang ziehen. Nun gibt es unter den entschiedensten Gegnerinnen der Pornographie sicherlich Frauen, die ohne Widerspruch ihre Anklage formulieren. Die nur noch mit Extremen argumentieren, in politischer Taktik und Manier ganz wie Männer. Die dabei außer acht lassen, daß die Extreme nur funktionieren mit dem normalen, gewöhnlichen Mann. Dieser gewöhnliche Mann, der nicht die Ausnahme ist, sondern die Regel. Und der deshalb der Aufmerksamkeit bedarf. Nicht der therapeutischen, nicht der mütterlichen und nicht der im Sinne von ‹Wir sitzen alle im gleichen Boot›. Der Mann hat sich hier zum deutlich sichtbaren Gegner gemausert, und als solcher muß er ernst genommen werden.

Bei der Analyse der gesellschaftlichen Realität im Zusammenhang mit Pornographie vergessen die Kontrahentinnen nur allzuleicht die realen Männer und realen Frauen. Sie sind so offensichtlich und leicht in Opfer und Täter zu unterteilen, daß es stutzig macht. Die offenkundige Erkenntnis von Männern, daß die Pornographie mitnichten das reale Leben widerspiegelt, ist als Erfahrung so direkt und so frustrierend, daß es die Männer immer wieder vor die Leinwand zieht. Deshalb geht es nicht an, in der Kritik an Pornographie sich darüber hinwegzusetzen und – als Waffe dagegen – in den Bildern ohne Umweg das reale Leben zu entdecken. All die Zwischenschritte, die es möglich machen, daß diese Bilder unendlich reproduziert werden unter Mithilfe von Männern und Frauen, und daß sie konsumiert werden von Männern und von Frauen, dürfen nicht geleugnet werden, sondern müssen in den Mittelpunkt des Interesses geraten. Daß dieses Ansinnen von Frauen als Zumutung verstanden werden kann, ist möglich. Aber – und wir gehen davon aus, daß die Auseinandersetzung über das Für und Wider von Pornographie von eminent großer Bedeutung in persönlicher, moralischer und politischer Hinsicht ist – wir kommen daran nicht vorbei. «Wenn das alles so schrecklich ist», resümierte vor einigen Tagen eine Journalistin, befaßt mit dem gleichen Thema, «ist es dann nicht besser, die Welt aufzuteilen: die eine Hälfte für die Männer, die andere für die Frauen.» Dieses Fazit ist falsch, und doch wünschte ich mir manchmal, es wäre so.

Sarah Claassen

Pur oder Hur? Porno oder Sinnlichkeit? Geld oder Leben?

Von diesem Buchprojekt erfuhren wir von Menschen, die wieder einmal *über* uns und unsere Tätigkeit schreiben wollten. Wir sind «Nutten und Nüttchen e. V.». Ohne uns gäbe es die Pornoindustrie nicht, da wir und unsere Körper die Substanz von allem sind, was über uns veröffentlicht wird.

Ein Buch über Pornographie? Ein Buch über die Form der Vermarktung unserer Körper, Sitte, Tätigkeit und Art und Weise, wie wir über-leben? Wird wieder einmal über unsere Köpfe hinweggedacht und über unsere Körper hinweg geschrieben?

Warum ein Buch? Weil sich Porno immer gut verkaufen läßt? Weil sich ein Markt dadurch herstellt, daß Alice Schwarzer und ein bestimmter Flügel der Frauenbewegung eine Anti-Porno-Kampagne inszeniert haben?

Was passiert mit den Frauen, die in diesem Bereich der Industrie arbeiten?

Für viele gelten wir als (sexuelle) Sklavinnen/Hilfsarbeiterinnen, aber wir sind Professionelle: Schauspielerinnen, Sexualtherapeutinnen, Lehrerinnen, Sozialarbeiterinnen, Psychologinnen und freischaffende Künstlerinnen. Wir vermieten unseren Geist, Körper und unsere Psyche an Männer, die bezahlen, damit wir unseren Lebensunterhalt davon bestreiten können. Da die Gemeinheit großen Nutzen aus unserer Tätigkeit zieht, haben wir uns zu einem *eigennützigen* Verein zusammengeschlossen, der uns aus niederer Lage und/oder Fällen zu einem Auf-Stand bringen soll.

Und so wurden wir von der Idee verführt, die Zeichen zu nutzen, um die Schrift in unserem Sinne selbst zu stellen – und damit vielleicht neue Zeichen zu setzen. WIR WERDEN ZU SCHRIFT-STELLERINNEN UNSERER EIGENEN LAGE! Damit wären wir bei der Selbst-dar-Stellung und brauchen keine Literaten und Literateusen mehr, die *über* uns berichten.

Fürwahr! Das ist der erste Schritt zur Wiederaneignung der Pornographie; denn:

porne (griech.) = Hure, graphein = schreiben

Die Pornographie ist heute die Darlegung des Sexualaktes geworden und der Darstellung der Hure gewichen. Im etymologischen Sinn des Wortes Pornographie sind alle Autorinnen dieses Buches Pornographen – außer uns. Wir sind Huren und beschreiben uns und unsere Tätigkeit aus unserer Sicht. Würden dies alle Frauen tun, so würde die Pornographie bald überflüssig – sie käme erst mal wieder zurück in Frauenhand und in den Frauenblickwinkel.

Der Frauenkörper ist die Substanz der gesamten Pornographie. Pornographie wird es so lange geben, wie Frauen sich prostituieren müssen. Prostitution wird es so lange geben, wie wir in einer Welt der Ware und dem Zwang zur Vermietung unserer Körper überleben. Die Prostitution zehrt vom Verbot und Tabu der Sexualität und macht sie zur Ware. Die Pornographie lebt von der Phantasielosigkeit und Fremdbestimmung unserer geistigen und psychischen Energien.

Jedes neue Verbot macht sie nur um so begehrens-WERTer! Mit aus diesem Grund haben Frauen dieses Gewerbes gar kein Interesse daran, daß ihr Beruf dem des Dienstleistungssektors gleichgestellt und als solcher anerkannt wird.

Der zweite Grund, warum die Kampagne für die Anerkennung der Prostitution von der Basis nicht aufgegriffen wird, sind die berechtigten Ängste, daß dann der Staat eine zunehmende Kontrolle über uns ausübt.

Die Porno-Industrie als Markt und Abklatsch der Arbeitswelt

Wir können die Porno-Industrie nicht isoliert davon betrachten, wie diese Gesellschaft floriert und/oder verfällt. Wir können die Porno-Industrie auch nicht von dem Waren-Wert der Frauenarbeit und des Frauenbildes abkoppeln, den diese Welt den Frauen einräumt. Die Heilige und die Hure sind nach wie vor zwei ambivalente Frauenbilder, die von den männlichen Bildproduzenten immer wieder gegeneinander ausgespielt werden.

Die heilige Prostitution macht so in der Ehe staat, wo sich die Frau aus «Liebe» hinzugeben hat bzw. Dienstleistungen ehrbar und unbezahlt am Mann verrichten soll, während die unheilige Prostitution in den Bordellen, Clubs, Sex-Kinos, Peep-Shows und/oder auf der Straße stattfindet, unehrenhaft, bezahlt.

Auch da zeigt sich die Widersprüchlichkeit dieser Schein-Welt: es ist eine Ehre, über Geld zu verfügen. «Geld stinkt nicht» – nur die Frau, die darüber verfügt und ihren Körper zur Ware macht – verliert angeblich ihre Ehre für das Geld...

Die Porno-Industrie lebt von diesen Bildern und produziert immer wieder neue Klischee-Bilder. Sie macht aus uns Warenbesitzerinnen und aus den Zuschauern ihrer eigenen Phantasie Enteignete.

Zum Überleben eines Klischees

Meist arbeite ich «privat», d. h.: in irgendwelchen Etagenwohnungen, in denen es mehrere Vergnügungszimmer gibt, einen Aufenthaltsraum für uns und einen Salon, in welchem sich die Männer uns als Ware ansehen können und auswählen sollen.

Pornographie und der direkte Verkauf unseres Körpers gehören zusammen. In den Salons liegt meist das Männermagazin «Playboy» auf den Tischen und das Videogerät wird bei Bedarf mit einem Porno gefüttert und angestellt. (Wenn ich hier von Pornos rede, meine ich die üblichen – nicht die «Snuff»-Movies.) Ähnlich wie in den Wartezimmern der Ärzte nehmen die Männer die Magazine mehr oder weniger in die Hand, um Wartezeiten zu überbrücken, und blättern meist gelangweilt darin herum.

Wartezeiten entstehen immer dann, wenn sie z. B. auf eine Frau warten, die noch nicht frei ist oder sich «Bedenkzeit» erbeten. Nur wenige verlangen ausdrücklich, daß ihnen ein Videofilm eingelegt wird. In den «Sex-Film-Clubs» ist das anders. Da ist der Film das Zentrum und die Live-Ware steht oder sitzt daneben.

Oft nehmen uns die Pornos Arbeit ab. Die Männer werden eher geil und wir haben weniger Schwierigkeiten, sie zu befriedigen. Im Jargon gesagt: sie spritzen schneller ab. Immer dann ist unsere Arbeit beendet. Nicht alle Männer werden durch Pornos so geil, daß sie «schneller kommen», aber einige doch. Und das ist gut so, denn die Zeit arbeitet dann für mich, und auf ein langes Vorspiel kann ich verzichten. Was ich selten erlebt habe: daß Männer den Porno mit mir nachspielen wollen. Außerdem läßt sich ihnen schnell klarmachen, daß die Realität anders ist, als jeder Film. Deshalb kann ich nur sagen: für unsere Arbeit haben Pornos mehr Vor- als Nachteile, da sie für uns eine Arbeitserleichterung sind.

Ich bin mir auch ziemlich sicher, daß es vielen Ehefrauen genauso geht. Sie schauen sich mit ihrem Mann einen Porno an, freuen sich, daß er geil ist – und sie nicht so lange mit ihm vögeln brauchen – der (immer-noch-) Pflicht der Ehefrau.

Wenn ich mir mit einem Kunden einen Porno zusammen anschaue und er mich dann fragt: «Findest du den Film nicht auch geil?» hat es gar keinen Zweck zu antworten: «Nein, ich finde den Film ekelhaft.» Er wird dann nämlich daraus schließen, daß ich meinen Job nicht gern mache – und ihn auch als Ekel empfinde. Wenn ich dagegen hauche: «Ja, der Film macht mich ganz geil», kann ich mir sicher sein, daß er mit mir aufs Zimmer geht. Viele Ehefrauen werden sicher so ähnlich antworten. Das Zentrum jedes Films – und des Live-Aktes ist der Schwanz. Groß, hoch und am weitesten spritzend. In einigen Pornos gibt es Wettbewerbe unter den Männern, wer am weitesten spritzen kann. Auf globaler Ebene findet diese Phallokratie in der Aufrüstung seinen adäquaten Ausdruck, etwa bei der Reichweite der (Atom)raketen. Ob dieser Porno auch mal verboten wird?

Viele Männer, die zu uns kommen bzw. uns bestellen, suchen nicht einfach Befriedigung, sondern Selbstbestätigung. Diese Selbstbestätigung finden sie am ehesten bei einer Frau, die «es professionell drauf hat».

Zu unserer Hauptprofession gehört die Schauspielerei. Wir verkaufen, ähnlich wie die Darstellerinnen in der «Traumfabrik Hollywood» Illusionen. Dafür werden wir bezahlt. Wir bekommen den Geld-Schein dafür, daß wir den Männern den Schein vorspielen, daß sie ganz tolle Kerle sind, daß sie schlau sind – und wir dumm, daß sie jede Frau fünfmal hintereinander befriedigen können, daß wir Dienerinnen sind und bleiben wollen, daß wir für ihre Probleme großes Verständnis haben etc.

Ab und zu ist es auch wirksam, das Klischee ein wenig anzukratzen, um es auf eine andere Ebene zu zerren. Wenn ich es jedoch ganz zerstöre, laufen die Männer verwirrt davon.

Aber es gibt noch eine ganz besondere Art von Männern, nämlich die mit der Ehrlichkeitsmasche. Denen kann ich dann schon siezählen, daß ich froh darüber bin, daß es ihnen dreckig geht, daß sie vereinsamt und frustriert sind; denn davon würde ich schließlich leben. Auch Ärzte hätten schließlich kein Interesse daran, daß ihre Patienten gesund würden, denn dann könnten sie ja ihren Beruf an den Nagel hängen. Wenn diese Männer dann in ein Triumphgeheul ausbrechen und mich drücken, weil ich so ehrlich bin, kann ich mir sicher sein, daß sie in den Kreis meiner Stammkundschaft aufrücken – und ich mit ihnen dominanter umgehen kann. Meist fängt dann aber auch die Psychotherapie an, die mit langen Gesprächen verbunden ist.

Je mehr Geld-Scheine, um so bessere Showspielerinnen sind wir – und wir sind für die Zeit, für die wir gekauft werden, die Hauptdarstellerin. Nur das Geld verspricht noch Sinnlichkeit...

Je langweiliger und eintöniger die Umwelt wird, um so glitzernder, farbiger, spannender, brutaler und neuwertiger müssen die Bilder werden, nur damit die Zuschauer nicht bemerken, daß sie immer mehr in die eigene Passivität einbetoniert werden. Die Bilder als Droge, die gegen die Übersättigung anzukämpfen haben und nur noch durch immer stärkere Dosierungen als Stimulanz wirken können.

Diese Bilderproduktion wird unweigerlich irgendwann zur Überdosis führen. Die Überdosis bedeutet den Tod der Schein-Glitzer-Bilder. Das ist die GESETZ-Mäßigkeit dieser Schein-Produktion. Wir brauchen keine GESETZE, die letztendlich nur das Schein-Werfer-Licht etwas abdunkeln und den Prozeß der Selbstzerstörung verlangsamen.

Was für Akteurinnen und Zuschauer in der Porno-Industrie zutrifft, hat auch für Arbeit und Frei(er)zeit seine Gültigkeit: Entfremdung in den Fabriken, Büros, Schulen. Erotik und Sexualität sind während des Produktionsprozesses verboten und erst zur Freier-zeit ERlaubt. In der vom Arbeitszwang befreiten Zeit

HERRscht der Konsumzwang. Wer Geld hat, darf die «Ausschweifung leben». Wer keins hat, muß «den Gürtel enger schnallen». In der Arbeitszeit HERRscht die Vernunft. Fließband und Computer kontrollieren unsere Triebe: essen und scheißen dürfen wir nur in den Pausen, der Sexualtrieb darf sich erst zum F(r)eierabend regen.

Sinnlichkeit, Genuß, Spiel und Kreativität sind ganz verboten, da sie mit dem Produktionsprozeß kollidieren würden und nicht konsumierbar, sondern nur lebbar sind.

Nur auf Grund der Trennungen zwischen Arbeit-«Frei»zeit, Produktions-Konsum, Verzicht-Ausschweifung, Beruf-Privatleben schafft die Porno-Industrie das nötige (aus der Not entstehende) Ventil für den Triebverzicht, läßt diesen Mangel aus wirtschaftlichen Gründen bestehen und verstärkt ihn. Nicht nur das: der Trieb ist kontrollierbar und ökonomisch verwertbar.

Die Porno-Industrie besteht aus vielen Märkten, die der Ware Frau zu- und beigeordnet sind:

Porno-Magazine und Videos, Filme, Bücher, Sex-Shops, die das und unterschiedliche «Spielzeuge» verkaufen, Wohnungen, in denen Bordelle eingerichtet sind, Bars und Film-Clubs, Agenturen für die Vermittlung von Hausbesuchen, Stunden-Hotels, Peep-Shows, Anzeigenabteilungen der Boulevardpresse, die Möbel-Industrie (speziell «Schlaf»zimmer-Möbel), die Bekleidungsindustrie (speziell Unterwäsche und körperbetonende Modelle der Oberbekleidung), Lederutensilien (für den Sado-Maso-Markt, der wiederum mit dem Bekleidungsmarkt zusammenhängt), Kosmetik, Friseure, Maniküre, Pediküre etc.

Viele andere Dienstleistungsunternehmen, wie Taxi und Medizin, profitieren von uns. Selbst Flugunternehmen, die durch Sex-Tourismus und Importe der «frischen und exotischen Ware» (etwa aus Fernost) viel verdienen, wollen auf uns kaum verzichten.

An uns, den Nutten, hängen also jede Menge Arbeitsplätze.

Das Überleben als Hure ist beschissen – aber als Heilige einfach zu teuer

Ich bin eine Ware. Morgens oder mittags, wenn ich aufstehe, benutze ich erst einmal die Ware Wasser und dann die Waren Zahnpasta und Seife. Selbstverständlich spielt die Ware Handtuch (manchmal frischgewaschen mit der Ware Waschmaschine und Waschmittel) beim Waschvorgang eine wichtige Rolle. Ich lebe in der Ware Wohnraum, die mich jeden Tag DM 10,– der Ware und des Tauschäquivalentes Geld kostet. Ich muß, um mir einen Kaffee zu kochen, gleichzeitig die Ware Strom, die Ware Kaffeemaschine, die Ware Kaffee plus Filter und die Ware Wasser benutzen. Das Frühstück besteht aus den Waren Butter, Brot, Marmelade und Käse.

Ich helfe, den Butterberg abzubauen und erhalte Arbeitsplätze in der Kosmetikindustrie, da ich ihre Waren für mich als Ware konsumiere. Schließlich brauche ich als Ware die Ware Verpackung für mich: Styling, Out-Fit, Farbe, halt ansprechendes Aussehen... Auch die Ware Kleidung spielt für mich als Ware eine wichtige Rolle – von der Ware Unterwäsche bis zur Ware Kleid und Mantel. Die Ware Arbeitskraft einer Verkäuferin oder Kassiererin wird durch mich unterstützt. Wenn ich einkaufen gehe, vergleiche ich meine Ware mit der der Verkäuferin. Wir als Waren ähneln uns. Sie verkauft Waren, sowie ich auch. Sie verkauft Waren durch ihre Ware hindurch. Da ist das gleiche Schein-Lächeln, gewinnend, gewinnbringend, Gewinn eintreibend. Und es ist das ewige und immer wiederkehrende «danke» beim Bezahlen mit noch stärkerem Schein-Lächeln. Wenn ich nichts kaufe oder nicht bezahle, lächelt sie nicht. Ich übrigens auch nicht. Wir als Waren brauchen die Anerkennung des Warenwertes, der sich in Geld ausdrückt.

Ich als Ware beschleunige neue Märkte, und neue Waren gruppieren sich um mich herum: die Ware Sado-Maso (mal als neues Freizeitvergnügen, mal als Droge oder neuer Nervenkitzel, mal als Information, was sich dann in Büchern oder Zeitschriften materialisiert) mit allem Drum und Dran: die Ware Lederkleidung, Peitschen, Fesseln etc. Die Ware Video ist groß im Kommen bzw. schon da und verdrängt Arbeitsplätze des Porno-Zeitschriften-Marktes, wo die Ware stehendes Bild mit der geschriebenen Ware Wort verkauft wird.

Auch der Gesundheitsmarkt profitiert von uns: ich als Ware muß was für meine Gesundheit tun und mich regelmäßig untersuchen lassen. Die Ware Kondom gehört zu meiner Berufsausstattung, wie die Ware Telefon und die Mietung der Ware Dienstleistung «Taxi». Der Taxibranche ginge es ohne uns ziemlich beschissen. Hätte jeder Berliner Puff nur einen einzigen Hausbesuch am Tag, wäre das trotzdem schon ein Betrag von ca. DM 10000,–. Da auch viele Freier sich per Taxi zum «Puff» kutschieren lassen, muß von einem Gesamtbetrag von ca. DM 100000,– pro Tag ausgegangen werden. Durch uns als Ware stützen wir den so ehrbaren Beruf der Taxifahrerin...

Jetzt meinen Sie sicher zu wissen, wer ich bin?

Ich kann nur sagen: ich weiß es nicht! Ich bin erst dann, wenn ich keine Ware mehr wäre...

Wir sind Arbeiterinnen in der Sexindustrie: d. h.: Zart-Modelle, Dominas, Sklavias, Foto- oder Filmmodelle, Stripperinnen, Party-Girls, Show-Girls, Unterhaltungsdamen, Peep-Show-Girls, Transis und / oder Hostessen.

Wir kommen aus den unterschiedlichsten gesellschaftlichen Schichten. Durch die Umstrukturierung der Arbeit in allen Bereichen (Schlagwort «3. industrielle Revolution») und zunehmender Arbeitslosigkeit und Verarmung in den Sektoren, in denen hauptsächlich Frauen arbeiten, werden immer mehr Frauen in die Sexindustrie gedrängt. Steigendes Angebot und weniger Nachfrage im Bereich der Prostitution (durch AIDS-Hysterie) lassen die Preise sinken und schüren die Konkurrenz. Dies aber ist in anderen Bereichen der Industrie nicht viel anders. AIDS wird bewußt gegen Frauen eingesetzt, die sich nicht mehr gratis preisgeben wollen, bzw. aus dem Getto der Monogamie ausgebrochen sind: «(...) wenn darüber hinaus ein Rückgang der Kundenzahl von Prostituierten um bis zu 50 % und eine zunehmende Tendenz zum Ausstieg aus der Prostitution zu verzeichnen sind, dann scheinen unsere Bemühungen nicht ganz umsonst zu sein.» Ulf Fink, Senator für Gesundheit und Soziales, Berlin, in: «AIDS geht jeden an», 1986

Den Herren ist es schon lange ein Dorn im Auge, daß immer mehr Frauen Geld für die Dienste am Mann haben wollen. Herr Fink propagierte vor nicht allzu langer Zeit die christliche Nächstenliebe «Ich für Dich», die kostenlose Arbeit am Menschen im Rahmen von Nachbarschaftshilfe. Er war bestrebt, damit hauptsächlich Frauen anzusprechen. Mittlerweile gibt es aber immer mehr Frauen, die sich der Heiligsprechung verweigern, weil sie davon einfach nicht leben können. Sie wollen Cash für ihre Arbeit. Dazu gehören vor allem auch die Prostituierten. Dies verhindert eine «Gesund»-schrumpfung des «Gesund»heits- und «Sozial» etats. Über AIDS versuchen sie auch wieder ein neues sexualrepressives Klima zu schaffen. Menschen, die ihre Triebe unterdrükken, lassen sich besser kontrollieren und stellen weder Autoritäten noch Unterdrückung in Frage, ja, sie empfinden diese gar nicht mehr, da sie sich ja selbst unterdrücken.

Da, wo das Angebot zum Ausstieg gezwungen wird, wird auch die Nachfrage zum Ausstieg gezwungen bzw. umgekehrt... Das, was der Ausstieg bei beiden Gruppen ERzwingen will, ist letztendlich wieder Mehrarbeit für weniger Lohn. Was aber macht mann mit dem Sexualtrieb? Kann mann den auch zum Aussteigen zwingen?

Parallel zur Abnahme der direkten Prostitution steigt der Markt der Pornographie enorm an. Alice Schwarzer und Co. führen dies darauf zurück, daß das Patriarchat nun gegen die Frauenbewegung zurückschlägt. Dies ist feministische Einäugigkeit. Sicherlich leiden die Herren daran, daß die Damen nicht mehr so willig sind, wie sie es sich ERhoffen – aber die neue Generation von Mädchen, die sich nach Sicherheit sehnt, ist auch wieder williger, in den Hafen der Ehe zu segeln. Alice Schwarzer hätte sicher recht, wenn sie diese Argumentation vor 10 Jahren gebracht hätte und eine Politik der sexuellen Freizügigkeit propagiert würde, der sich wiederum die Frauen verweigert hätten. Dies ist jedoch heute nicht so. Der Trieb stößt nicht auf ein nichtwilliges Objekt, sondern er wird vom Subjekt selbst unterdrückt. Was das 6. Gebot Gottes nicht schaffte, bewirkt heute AIDS. Sicher hatten die Geißel-Gesetze der damaligen Christen zum Gebot, die letzten Reste des Matriarchats zu beseitigen und AIDS «geißlert» unter einer christlichen Spät-Regierung auch hauptsächlich Frauen – aber beiden hatten/haben zum Ziel, die Ehe und Familie als Keimzelle des Staates zu stabilisieren.

Der unterdrückte Sexualtrieb sucht nach Ersatzbefriedigung. Er wird unweigerlich auf den Markt der Pornographie gelenkt. Deshalb ist jetzt die Porno-Welle da. Den Mehrbedarf nach Pornos entdecken wir überall, wo der Trieb kein Objekt finden kann, weil er davon abgeschnitten ist, wie z. B. in Knästen und Kasernen. Das lebende Objekt wird durch ein lebloses, ein Bild ersetzt. Gerade in Männerknästen werden Pornos teuer gehandelt und in den Kasernen gern gelesen – und dabei onaniert. Ich bin mir sicher, daß im Zuge von AIDS die Onaniebewegung immer stärker wird. Doch auch die Autoerotik berauscht sich an Bildern – und so führt das AIDS-Zeit-Alter zu einer Sucht nach Bildern, die die Illusion von Erotik herbeizaubern sollen.

Die nicht lebbare Erotik ist aber wiederum Ursache sozialer Isolation und zunehmender Brutalisierung des Alltags. Letztendlich führt die Unmöglichkeit des Liebens zum Destruktionstrieb.

Die Gesellschaft des Destruktionstriebes ist die Gesellschaft des Krieges.

Parallel der Welle von Kriegsfilmen à la «Rambo» wird der Markt von Pornos überschwemmt, in denen Frauen bestialisch gequält, vergewaltigt und getötet werden.

«Einmal sah ich, wie eine Frau von einem Heckenschützen, von einem unserer Heckenschützen, angeschossen wurde», sagte ein GI. «Als wir bei ihr waren, bat sie um Wasser. Und der Leutnant sagt, sie solle getötet werden. So riß er ihr die Kleidung herunter, sie stachen ihr in beide Brüste, sie spreizten ihre Beine und stießen einen der beim Militär üblichen Klappspaten in die Vagina hinein. Und dann zogen sie den wieder heraus und gebrauchten einen Ast, und dann wurde sie erschossen.»[1]

Diese gerade beschriebene Szene ist keineswegs aus einem Porno-Film, sondern aus der Realität Vietnam-Krieg. Der Krieg richtet sich als sexistische Militärgewalt insbesondere gegen Frauen. (Massen)vergewaltigungen sollen den Widerstandswillen der Frauen brechen und sie bestrafen. In allen Ländern der Welt wird diese Form der Bestrafung bzw. Folter auch und gerade gegen «eigene» Systemgegnerinnen angewandt.

Selbst wenn weltweit Porno-Filme verboten werden, würde diese sexuelle Gewalt weiterbestehen. Sie ist nämlich keine Auswirkung der Porno-Filme, sondern Bestandteil von Privateigentum, Zwang zur Kapitalakkumulation, HERRschaft über die Frau und die damit verbundenen Kriege.

Damit nach der Generalklausel § 1 des Anti-Porno-Gesetzes tatsächlich das «Recht auf Würde und Freiheit, körperliche Unversehrtheit oder Leben» gewährleistet ist, müßte mindestens das Privateigentum unter Strafe gestellt werden.

Zur feministischen Kampagne gegen Pornographie

Alice Schwarzer und «Emma» – die Stimme der bürgerlichen Feministin von heute greifen mit ihrer Kampagne nicht die materielle Ursache der Pornographie auf und an, – nein, sie wendet sich allein gegen die Bilder und will sie verboten wissen. Alles bleibt auf der Ebene der Ideologie und Moral.

Wo bleiben die Frauen, die in dem Job arbeiten? Wo bleibt Emmas Ausstiegsprogramm für uns? Wo sind die konkreten Angebote?

WO SOLLEN WIR ARBEITEN? Müssen wir uns wieder mit kranken (Männer)körpern beschäftigen, etwa im Pflegebereich? In den Büros darauf warten, daß wir durch die neuen Informations- und Kommunikationstechnologien wegrationalisiert werden? Oder wollen uns die Damen der Anti-Porno-Kampagne etwa wieder in die Fabriken der Rüstungsindustrie stecken? Wo bitte findet eine Arbeit statt, die nicht entwürdigend ist?

O.k., das Überleben als Pornomodell oder Prostituierte ist beschissen, aber als Heilige einfach zu teuer. Viele von uns wären bereit, ihren Job an den Nagel zu hängen, wenn Emma unseren Lebensunterhalt bezahlt, unsere Schulden übernimmt und unsere Kinder ernährt. Dafür würden wir uns sogar tagtäglich den Heiligenschein putzen. Aber solange in der Beziehung keine konkreten Angebote kommen und sie nur unsere Hölle beschreibt, werden wir ihren Himmel bombardieren. Damit bleibt uns wenigstens die Hoffnung, daß irgendwann beides nicht mehr existiert.

Zumindest bricht aus «heiterem Himmel» die Anti-Porno-Kampagne über uns herein. Viele von uns haben jahrelang daran gearbeitet, endlich offen sagen zu können: «Ich arbeite in der Sexindustrie.» Durch diese Offenheit wurden unter Frauen wieder Diskussionen möglich. Die Schreie: «Du bist eine Verräterin der Frauenbewegung» wurden immer leiser. Und so wird die Kampagne à la Schwarzer eines bestimmt ERreichen: die Gräben zwischen den Frauen werden wieder tiefer.

Aber geht es Alice Schwarzer & Co. wirklich nur um Symbolik und Moral? Ich als Hure habe einen eingeübten Blick für materielle Interessen. Und so frage ich mich:

Will «Emma» die Abonnentinnenanzahl erhöhen? Will sie vielleicht einzig und allein über Porno im Sinne ihres Gesetzes § 2 Abs. 4 berichten dürfen; denn:

«Die Verbreitung, Sammlung oder Öffentlichmachung von Pornographie im Sinne der Abs. 1 bis 4 ist nur dann zulässig, wenn sie eindeutig wissenschaftlichen oder eindeutig gesellschaftskritischen Zwecken dient.» Wer außer «Emma» besitzt diese Eindeutigkeit? Auch dies würde auf die Auf-Lage steige(r)nde Aus-Wirkungen haben. Ist Alice Schwarzer vielleicht doch einfach nur naiv? Meint sie tatsächlich, daß uns, den betroffenen Frauen, durch die Kampagne Vorteile entstehen?

Da ich mir denke, daß Frau Schwarzer wirklich eine auf-rechte Feministin ist, die ständig das Beste für uns will, bin ich doch geneigt, trotz meiner Anfangskritik, das letztere anzunehmen.

Als Nutte und / oder Nüttchen kann ich eigentlich am meisten mit dem erweiterten Gesetzesentwurf der Berliner Juristinnen Susanne Baer und Vera Slupik anfangen. Sie sind weitsichtig genug zu sehen, daß durch ein Verbot ein «schwarzer Markt» geschaffen wird, «wo sich Pornographie, nun mit erhöhtem Reiz ausgestattet, ausbreiten kann».

Mit dem, auf die zivilrechtliche Ebene beschränkten Gesetzesentwurf entfällt zwar der (durch das Verbot neu entstehende) Aufschwung unserer Geschäfte, aber dafür können wir bald doppelt abkassieren: zum einen bekommen wir unsere mäßige Gage als

Schauspielerinnen in der Pornoindustrie – zum anderen können wir anschließend Schmerzensgeld verlangen. Und: wir können Vereine bilden, die noch mal klagen und noch mal kassieren! Das, was viele Kunden von uns schon sind, werden auch wir bald: Doppel- und Dreifachverdienerinnen! Wir können also den Gesetzesentwurf nur begrüßen. Auf der Ebene sind wir für eine konkrete Weiterentwicklung:

1. Da auf Grund der sexualrepressiven Politik die Pornographie erst noch richtig aufblühen wird, müssen wesentlich mehr Juristinnen ausgebildet werden: Prostituierte können in diesen Bereich hinein umgeschult werden.

2. Obwohl aus den zivilrechtlichen Entwurf ja erst mal keine strafrechtliche Handlung der Pornographen abzuleiten ist – und die Herstellung und Verbreitung der Pornographie damit nicht verboten ist, wird sich der Markt halblegal weiterentwickeln, weil die Hersteller und Verbreiter auch und gerade Angst vor den Schadenersatzansprüchen der Frauen haben, die ihre Profite ziemlich schmälern. Deshalb müssen viele Frauen von uns zu Verkehrspolizistinnen werden, die nicht nur diesen Markt aufstöbern, sondern alle Frauen (auch und gerade die Ehefrauen) über ihre Rechte des Geldkassierens informieren.

3. Frauen können überall neue Vereine aufbauen, die zum Ziel haben, die Gleichberechtigung von Frauen und Mädchen zu fördern. Dies trifft auf Nutten und Nüttchen zu, da wir, wie viele Männer, zu Mehrfachverdienerinnen werden wollen. Auch wenn dies bei vielen Männern, insbesondere Politikern, nicht immer RECHTens ist, fordern wir darin ganz klar GleichbeRECHTigung!

4. Benötigen wir dann Frauenverbände, die sich als juristische Institutionen konstituieren und sich mit der Eintreibung des Schmerzensgeldes befassen. Die Gerichtsvollzieher werden mit

dieser Aufgabe völlig überfordert sein. So kann zu diesem Zweck eine neue Institution entstehen, die viele Frauenarbeitsplätze schafft.

Der Vorwurf des neuen «Puritanismus» greift bei der Kampagne nicht. Wie ausschweifend können wir über-leben, wenn wir auf Grund der Kampagne viel Geld in den Taschen haben! Genau deshalb sind wir der Meinung, daß die Kampagne über die symbolische Wirkung hinausgehen wird und über alle Moral und Ideologie triumphiert: DIE DREIFACH- UND VIERFACHVERDIENERIN MUSS DURCHGESETZT WERDEN! DIE ZEIT DES DIENE(R)NS UND KNICKSENS WIRD DANN VORBEI SEIN!

Damit dies möglichst schnell geht – und gleichzeitig auch noch Kriege (und damit Massenvergewaltigungen) abgeschafft werden, haben Nutten und Nüttchen alle Gesetzesentwürfe studiert, verworfen und sieweitert:

WER EINE MARK DURCH AUSBEUTUNG
VON FRAUEN VERDIENT,
MUSS MINDESTENS DREI MARK
ZURÜCKZAHLEN:

Wo soll'n wir hin
Was soll'n wir tun?
Zu neuer Arbeit in alter Fron
Zur alten Arbeit zu noch schlächt'rem Lohn?

Wir müssen davon ausgehen, daß die Pornoindustrie mit allen Klischees längst in die Schlafzimmer der Familien Einzug gefunden hat. Nutten und Nüttchen bieten so ein umfassendes Programm zur Bekämpfung der zahlreichen privaten Verkehrsunfälle durch nicht sachgerechte und rechtmäßige Anwendung der Sexualität an. Es richtet sich einmal an alle zur Bekämpfung von AIDS und soll außerdem die Schlafzimmerpornographie eindämmen.

Alle Frauen unseres Gewerbes werden zu Verkehrspolizistinnen umgeschult, um die Gesellschaft in ihrem Sexualverhalten zu kontrollieren. Dazu ist unbegrenzter Zugang zu den Privatwohnungen nötig. So wie Verkehrspolitessen im Straßenverkehr Autos und Fahrer kontrollieren können, sollten die Verkehrspolitessen die Privatwohnungen begutachten können. Zum einen werden wir untersuchen, ob Kondome vorhanden sind, die auch benutzt werden – zum anderen werden wir die Video-Filme überprüfen, die in den Wohn- und Schlafzimmern vorhanden sind.

Alle Frauen müssen zu Dominas ausgebildet werden. Die Behandlung der Domina ist die absolut AIDS-freieste Methode des Liebes-Dienstes. Vor allem Ehefrauen können darin fort- und ausgebildet werden. Die Domina-Therapie hat auch den Vorteil, daß Gewalt, Macht und ERniedrigung dabei nicht mehr von den Männern ausgehen kann. Der gesamte Gesetzesentwurf, den A. Schwarzer der Öffentlichkeit vorgelegt hat, wäre somit überflüssig, da unsere Initiative weit über die rein symbolische Bedeutung der Kampagne hinausgeht.

Die Sexual-Verkehrspolitessen werden in ihrer Umschulung psychologisch darauf vorbereitet, den Gedanken der Domina an die Frauen heranzutragen. Mit diesem Programm ließe sich auch die Arbeitslosigkeit beseitigen, da enorme Mengen an Lederbekleidung, Peitschen, Fesseln, Ketten, Zangen etc. dafür hergestellt werden müßten. Auch die Möbelindustrie muß in diesen neuen Markt miteinbezogen werden, da aus den Schlafzimmern Studios gemacht werden müßten.

Die Bezahlung für diese Dienste müßte unserer Meinung nach bei einem Stundenlohn von DM 150,– liegen; denn schließlich nimmt eine Domina diesen Betrag für eine Behandlung. Dieser Betrag ließe sich ohne große Schwierigkeiten aus dem Bundeswehrhaushalt abzweigen. Die Männer können ja nun ihre masochistischen Triebe im Studio ausleben und brauchen somit nicht mehr auf die Schlachtfelder geTRIEBen zu werden. Dies ist unser Beitrag zum Weltfrieden und zur dreifachen Null-Lösung!

Nutten und Nüttchen im Dezember 1987

Brauchen wir eine «alternative» Pornographie?

Die Pornographie baut immer wieder neue Bilder und alte Klischees aus Männersicht auf. Frauen finden Pornos deshalb nur lächerlich und langweilig. So ist und bleibt der Hauptkonsument der Mann.

FilmemacherInnen drängen mittlerweile stärker auf den Markt der Lüste und versuchen, die Frau als Konsumentin zu erreichen. Einigen geht es auch darum, Porno aus Frauensicht darzustellen, um der Männerphantasie, die die Frau in ihrer Weibchen-Rolle belassen will, etwas entgegenzusetzen. Dies jedoch ist schwierig, da nun mal das Geld in Männerhand ist und sie auch am Schalter der Vertriebe zu finden sind.

Auf dem Frauenfilmfestival in Dortmund im Mai 87 unter dem Motto «Femme Totale» ging es auch um Pornographie und Gewalt. Unter dem Motto «Lust in Filmen von Frauen» fand mit verschiedenen FilmemacherInnen und -kritikerInnen eine Podiumsdiskussion statt.

«Hahne: ‹Ich meine schon, daß ein Teil der Unterdrückung, die Männer ausleben, in der Pornographie sichtbar wird. Wir Frauen müssen uns dagegen wehren. Ich verstehe gar nicht, daß ihr da nicht mehr Wut im Bauch habt.›

Zimmermann: ‹Die Wut, die du beschreibst, die habe ich zwar auch, aber aus anderen Gründen, als du. Zum Beispiel, wenn ich in einen der Pornoläden reingehe und mir einen Video nach dem anderen ausleihe und nicht zu den Bildern komme, die ich mir vorstelle. Was die Umsetzung von Gewaltphantasien angeht, ist es interessant, daß, sobald Frauen anfangen diese zu inszenieren und sexuelle Phantasien nun ausführen, die blutrünstiger sind, als es so mancher Mann inszeniert. Es gibt Beispiele gerade bei amerikanischen Produktionen, die zumeist Rachefilme sind, also eine Frau am Anfang vergewaltigt wird und sie am Ende dann sämtliche Vergewaltiger auf das Übelste zerstückelt, kastriert und sonstwas. Wunderbar, aber jetzt in Anführungszeichen. Das ist das, was die Frauen dem Porno entgegensetzen können. Ich finde diese Filme auch nicht besonders toll, es ist aber auf jeden Fall ein Weg. Und der Weg, den ich mir vorstelle, ist eine Pornographie für Frauen, Inszenierungen von sexuellen Phantasien, die mir gefallen.»[2]

Leider erwähnt die junge Dame nicht, was ihr gefällt. Rüsten Frauen in ihren Phantasien zum Rachefeldzug gegen die Männer? Werden sie dadurch vielleicht Filme machen, die die Brutalität der männlichen noch übertrifft?

Was ist mit Frauen, die Vergewaltigungsphantasien haben? Was ist mit denen, die auf Sado-Maso abfahren? Was wäre, wenn sich die jahrhundertelang unterdrückte und gestaute Aggressivität Luft machen würde?

Von dem blumig-flockig-lieblichen «Charakter» der Frau bliebe da bestimmt nicht viel übrig.

Dies ist «natürlich» nicht das, was die Filmemacherinnen suchen. Sie forschen nach «einem Körper, der Lust darstellt».

Da können sie lange suchen, denn unser Alltag ist geprägt von der Qual und Handlung, ständig unsere Lust, Begierde und Sinnlichkeit zu unterdrücken. Und dann sollen wir plötzlich – noch dazu vor dem voyeuristischen Auge einer Kamera – «Lust» darstellen?

Haben wir nicht nur eine ganz verschwommene Ahnung von dem, was Lust sein könnte? Wie sieht ein Körper aus, der frei ist? Nein, ich meine jetzt nicht den, der nackt, also von der Kleidung befreit ist, sondern einen wirklich freien Körper? Läßt sich der überhaupt auf Celluloid ein-fangen? Für mich jedenfalls gehören Freiheit und Lust zusammen, da mich Unterdrückung nur unlustig macht.

Da weder Lust noch Freiheit in dieser Gesellschaft lebbar sind, ist das, was auf den Markt der Lüste kommt, nur das auf Celluloid oder Zellulose gebannte Elend – voller Unlust, angereichert mit Unterdrückung und mit einer dicken Prise Gewalt gewürzt.

Das Gewaltverhältnis basiert u. a. auch auf dem Widerspruch zwischen Akteur und Zuschauer.

Der Zuschauer wird zum passiven Warenbeschauer. Er kann weder in den Porno-Film handelnd eingreifen noch mit Fotomodell oder Autor(in) in direkte Kommunikation treten.

Ihm bleibt nur die Negation oder die Befürwortung – oft auch der Ärger über das «herausgeschmissene Geld». Der Akteur wiederum hat keinen Kontakt zum Publikum, zu seinen Konsumenten. Da ist nur die anonyme Masse, die ihn bzw. sein Produkt kauft: der Markt.

Wirkliche Lust wird die Trennung zwischen Akteuren und Zuschauerinnen überwinden und das tote Bild durch lebendige Sinnlichkeit verdrängen.

«Pornographie», die radikal sein will, wird sich selbst abschaffen. In dem Moment, wo Lust und Erotik da sind, wird die Kamera*führung* durch die Ausstrahlung der sinnlichen Menschen *verführt*. Die Anziehungskraft dieser Menschen wird so stark sein, daß der Mensch hinter der Kamera einfach mitmachen will. Sinnlichkeit verlangt nach dem Einsatz des ganzen Menschen und aller seiner Sinne: nicht nur Sehen und Hören, sondern auch Tasten, Fühlen, Schmecken und Riechen.

Zur Kritik der Sexualität

Die bestehende Sexualität verweist uns in Rollen und Hierarchien und konzentriert unsere unordentliche Erotik auf die Dominanz zweier konträrer Sexualorgane: entweder ein Rohr mit einem Loch darin oder ein Loch mit einem Rohr dahinter, Schwanz oder Möse. Sexualität ist zu sexueller Ökonomie geworden, die vom Leistungsanspruch beHERRscht wird. Liebe ist eine Tauschbeziehung, in der nur gegeben wird, wenn das Doppelte zurückerwartet wird bzw. in der die Sicherheit und «kleine heile Welt» produziert wird.

Erotik wurde zur Sehnsucht nach ein wenig Nähe, Zärtlichkeit und Wärme, die sich nur noch in Sentimentalitäten verliert.

Die Warenwirtschaft ist die andauernde Verstümmelung unserer begehrenden Körper und Emotionen. Nur noch das Auge wird mit bunten Bildern, die weder tastbar noch spürbar sind, gereizt und vollgestopft.

Sinnlichkeit auf eine Seite Papier gepreßt oder auf Celluloid gebannt: die «erotische» Huldigung der toten Ware.

Wir wollen die Macht über uns und alle unsere Körperorgane zurück, um die Wirklichkeit unserer lebendigen Körper zu entdecken.

Wir wollen die volle Praxis jeder unserer körperlichen Funktionen und die ihr angeborene Fähigkeit zur Lust wiederentdecken: wir wollen wieder die Lust des Atmens genießen, die durch Unterdrückung und Umweltverschmutzung völlig erstickt wurde; die Lust des Essens und Verdauens, die vom Rhythmus der Produktion und von der verschmutzten Nahrung zerstört wurde, da sie nach den Kriterien des Profits produziert wird.

Wir wollen wieder mit Lust scheißen und uns dem Analspaß widmen können, der systematisch durch das zurückhaltende Training des Schließmuskels ermordet wurde. Wir wollen die Lust der fröhlichen Selbstbefriedigung leben – ohne Schuld oder Angst, jenseits aller Anstandsmystik und neurotischer Akkumulation. Indem wir die Lust des Schwingens, Singens, Sprechens, Sich-Bewegens,

Tobens, Spielens wiederentdecken, streifen wir die vom Eigentum besetzten Zonen unseres Körpers ab und können endlich die Lust des Lustschaffens leben.

Wir wollen unseren Körper dem des anderen, denen der anderen öffnen; unsere Energien sich vervielfältigen und unsere Begierden sich verstricken lassen, so daß alle ihren Phantasien und Extasen freien Lauf lassen können. Dann ist es möglich, ohne Schuld und ohne Hemmung jede wollüstige und sinnliche Praxis zwischen zwei oder mehreren Menschen zu leben, was dringend notwendig ist, wenn unsere alltägliche Wirklichkeit nicht dieser qualvolle Todeskampf sein soll.

Wir wollen die vom Phallus ERteilten Rollen und Identitäten beseitigen; und damit die sexuelle Klassifizierungen. Wir wollen nicht länger Männer und Frauen, Lesben, Schwule und Heterosexuelle, Besitzer und Objekte, Erwachsene und Minderjährige, Herren und Sklaven unter und über uns haben, sondern transsexuelle bzw. multisexuelle, autonome, bewegliche, begeisterte, vielfältige Menschen neben uns. Menschen mit veränderlichen Eigenarten, die zum Austausch ihrer Begierden, Lüste und Zartheiten fähig sind, ohne jeden Mehrwert und Trick.[3]

In einer Welt grellen Scheins und all ihrer Scheinwerfer wird jede «erotische» Handlung zur Pornographie: MENSCHEN UMARMEN SICH, OHNE SICH DABEI ZU BEGEGNEN. Laßt uns erst mal flüchten vor dieser auto-mobil-i-tärischen Tele-Vision und ihrem künstlichen Licht. Beenden wir die Maskerade und laßt mich in euren funkelnden Augen reflektieren. Laßt uns mit pochenden Herzen in die Dunkelheit der Nacht hinabgleiten, wo wir unsere vom Gehetz vergifteten Köpfe reinigen, wo wir unsere durch das Geschwätz halbtauben Ohren massieren und wo wir unsere Haut, abgegriffen durch das Gesetz, abstreifen. Laßt uns begegnen, in dem Wunsch, zusammenzukommen, um die Grenzen «unserer Persönlichkeit» (Persönlichkeit = Persona = Maske) zu überschreiten, jenseits von Sexualität und Normalität. Laßt uns leichtfüßig und leichtsinnig den erotischen Aufstand vorbereiten – jenseits von Liebe und Haß, Mitleid und Rache. Dann sind solche

Bücher, wie diese, überflüssig ... denn auch dieser Text ist Gewalt an jenen, die ihn setzen (müssen), Gewalt auch für die, die Korrektur lesen (müssen), Gewalt gegen die Drucker, Auslieferer und Verkäuferinnen und zu aller Letzt gegen mich selbst. Und warum? Weil es Arbeit ist und weil in dieser Zeit keine erotische Verbindung möglich war ... Vielleicht ist es auch Gewalt an euch Lesern; schließlich dringe ich in euren Kopf und zwinge euch, euch mit mir auseinanderzusetzen. Vielleicht haben eure Mitbewohnerinnen, Nachbarn, Freunde oder Bekannte direkter, konkreter und viel mehr dazu zu sagen? Gewalt ist eben auch die Ablenkung vom nächst-liegenden – äh, STEHENDEN!

Anmerkungen

1 Angela Davis, «Sexismus und Rassismus», Berlin, 1982, S. 28
2 Podiumsdiskussion auf der «Femme totale», Mai 1987, Dortmund mit Brigitte Hein, Monika Treut, Ulrike Zimmermann, Marille Hahne (Filmemacherinnen), Hildegard Westbeld, Gertrud Koch (Filmtheoretikerinnen, -kritikerinnen), entnommen der «Prima Donna», Berliner Frauenzeitung, Okt. / Nov. 87
3 siehe auch: C. Chatterley, A. Bonard, «Feminismus oder Erotik, Berlin, 1976 (MaD Flugschrift)

Pieke Biermann

Sieben Briefe an eine athenische Hetäre

Ein Huren-Schrift-Verkehr

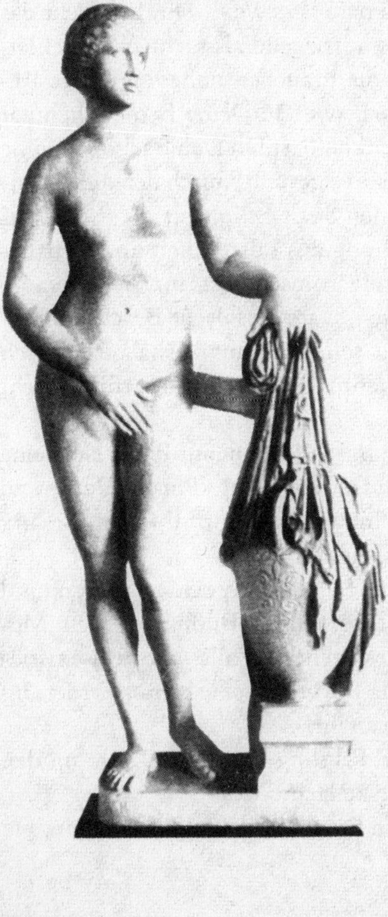

Für HILDE RADUSCH, die fast ein Jahrhundert Totalitarismen überlebt hat, ohne Scheu vor der Klarheit der Vernunft und dem Begehren, das verwundbar macht.

Und für GUDULA LOREZ, die den Kampf gegen die Ideologie des Ordnungsprinzips und für die Anarchie der Lust am Ende allein mit ihrem Körper austragen und verlieren mußte.

Und für ANNELIESE, für ihren treuen Dickkopf, ihren frivolen Mangel an Verführbarkeit und ihren zuverlässigen Egoismus, wenn es um die schnöde Materie geht. Und, natürlich, für jene Nacht im Sommer 1949...

Aphrodite Knidia (Knidische Venus), von Praxiteles. 4. Jh. v. Chr.

Hamburg, April 1980

Liebe Phryne –

entschuldige die Verspätung, aber ich konnte die Abbildung nicht so schnell in die Finger kriegen. Ich kann doch jetzt nicht mehr schnell mal nach Rom oder München düsen. Hab doch diesen anständigen Job angenommen. Ja, ja, richtig angestellt. Ein echtes Experiment. Aber darüber später mehr.

Jetzt erst mal zu Dir. Du bist ja wirklich verdammt sexy, meine Teuerste! Diese Pose – und total nackt... Weißt Du, hier geht das Gerücht, ganz nackt sei weniger aufreizend als nicht-ganz-bekleidet. Na. Es gibt immer Leute, die brauchen unbedingt feste Regeln. Jedenfalls finde ich es scharf, wie Du Deine Beine scheinbar zusammenhältst, aber in Wirklichkeit hast Du Deine schönen Füße genau den kleinen Schritt auseinandergestellt, durch den die Schenkel diesen einladenden hauchfeinen Spalt bekommen... Sehr irritierend. Überhaupt, diese Mischung aus Lüsternheit und Keuschheit und Skepsis und Stolz. Und die ironische Distanz. Sehr herausfordernd! Jedes für sich genommen, wäre die falsche Beschreibung. Du scheinst alles auf einmal zu sein. Elegant ausbalanciert. Ich glaube, das ist es, was Dich unfaßbar macht. Und verführerisch, meine Süße!

Zum Schreien finde ich allerdings: Wieso nennt Praxiteles seine Statue «Aphrodite Knidia»? Traut er sich nicht «Phryne Porne» zu sagen? Warum versteckt er Dich hinter einer Göttin? Ich meine, nix gegen Aphrodite. Aber das hier bist Du!

Da gibst Du ihm die Ehre, Dein Sugardaddy sein zu dürfen, und er könnte doch einfach sagen: Leute, ich bin Bildhauer. Mein Metier ist, Schönheit plastisch darzustellen. Voilà, die real-existierende Schönheit meiner Gefährtin Phryne ist eine Herausforderung an meine Kunst. Ich messe mich an ihr!

Aber nein, der verklemmte Feigling entrückt Dich in den Olymp. Diese Männer sind doch zu lächerlich.

Und der andere da, der Dir den Prozeß angehängt hat? Nein, Du hast recht, wir wollen ihn nicht mit einem Namen würdigen. Freier, die mit ihrer eigenen Geilheit nicht klarkommen und ausgerechnet uns dafür strafen wollen, sind nicht der Rede wert. Bloß, wieso er Dir unbedingt «Gottlosigkeit» nachsagt, das mußt Du mir erklären. Ich habe den Verdacht, er macht im Grunde nur dasselbe wie Praxiteles, nur mit umgekehrten Vorzeichen. Der eine stilisiert Dich zur Göttin persönlich, der andere zum Gegenteil. Ein tolles Paar Mythomanen!

Aber tröste Dich, viel weiter sind wir hier, nach 24 Jahrhunderten, auch noch nicht. Im Gegenteil – die Herrschaften, die uns immer entweder ganz nach oben (als Fleischwerdung ihrer Paradiesphantasien) oder ganz nach unten (als Abschaum persönlich) sortieren, obwohl wir natürlich mitten durch die «anständigen Kreise» trullern wie eh und je, diese Herren haben bei uns inzwischen Komplicinnen bekommen.

Und damit bin ich bei Deiner Frage. Ja, es gibt sie tatsächlich, diese «Women Against Pornography», von denen Du gehört hast. Und das ist ein ziemlich gruseliger Verein, der offenbar nichts sehnlicher begehrt, denn als Apostel der Wahren Sauberkeit heiliggesprochen zu werden. Nix gegen Sauberkeit, wo sie hinpaßt. Ich putze, ehrlich gesagt, manchmal geradezu liebendgern. So einmal durch die ganze Küche, und Du hast ein schnelles Erfolgserlebnis, alles glänzt. Und vor allem, Du hast wieder ein freies Feld und kannst Dich richtig austoben. Mit einer Schmecklecker-Orgie zum Beispiel.

Mit Gelüsten der Art scheinen die WAPs allerdings nichts im Sinn zu haben. Im Gegenteil, schon «Genuß» ist verdächtig. Vielleicht stellst Du sie Dir vor wie eine von diesen neumodischen Sekten, die immer mal wieder von sich reden machen. Zumindest die Sprecherinnen (sind interessanterweise allesamt weiß) wirken wie beseelt, und sie predigen die aberwitzigsten Dinge. Zum Beispiel sind sie für zweierlei Sex, einen bösen und einen guten. Der böse werde verkörpert vom Mann (frag mich nicht, von welchem, meines Wissens haben sie den Namen noch nicht genannt; ich vermute aber, «der Mann» ist als Sammelbegriff gedacht, so wie vordem «der Jude» und «der Neger» und «die Frau»). Und selbiger Mann nun sei von Natur aus gierig, triebhaft, verantwortungslos und gewalttätig. Weshalb er auch gar nicht anders könne, als «die Frau» als «Beute» zu betrachten. Lach nicht, Phryne. Ich fürchte, die meinen das ganz ernst.

Für «Beute» hat man heute ein moderneres Wort: «Sex-Objekt». Also, Du mußt Dir das als Gleichungen vorstellen: Mann = Jäger / Frau = Beute. Oder: Mann = Sex-Subjekt / Frau = Sex-Objekt. Oder: Mann = Täter / Frau = Opfer.

So einfach soll das sein! Gott, wär das schön, wenn mal irgend etwas von Bedeutung einfach wäre!

Ich habe überlegt, ob man diesen Simpelchen vielleicht empfehlen sollte, ein bißchen die Kunst und Literatur des Abendlandes zu studieren. Zumindest über die Tücke des (Sex-)Objektes findet sich da ja einiges. Was hat unsere Herren Künstler je mehr beschäftigt, als um ihre eigene Impotenz zu kreisen und uns dafür die Schuld in die Schlüpfer zu schieben?

Aber diese Sektenpredigerinnen stellen sich ja schon taub, wenn unsereine ihnen zu erzählen versucht, wie viele Männer (und Frauen...) wir schon «erbeutet» haben, um uns an ihnen zu weiden, und überhaupt, daß die ganze Lust durch Machtspiele unter Spannung gesetzt wird. Wer darf wen erlegen und wird zur Belohnung erlegt... Als ob's das unter Frauen alles nicht gäbe! Na, ich bitte Dich!

Nein, sagen die. Unter Frauen ist alles anders. Das Gegenstück zum «bösen Sex» heißt übrigens nicht Sex. Es heißt gar nicht. Aber dieses Pflänzchen Namenlos ist ironischerweise exakt das Gegenteil vom «bösen Sex». Statt Gier herrscht unter Frauen Zärtlichkeit, statt Verantwortungslosigkeit Fürsorglichkeit, statt Triebhaftigkeit Sanftmut und so weiter. Gewalt ist selbstverständlich verpönt, und keinesfalls darf es «genital» werden, denn aufs Genitale ist bekanntlich der Mann fixiert. (Oh Gott, wenn die wüßten, auf was unsere Herren noch so alles fixiert sind, angefangen bei Stiefeln, aufgehört bei Küchenschürzchen, und dazwischen so ungefähr jedes Ding, das in Zusammenhang mit menschlichem Dasein ein Röllchen spielt...)

Das fällt ihnen allerdings nicht auf, den sauberen Schwestern, daß sie den gesamten Katalog runterbeten, den unsere herrschenden Ideologen als «Wesenderfrau» ausgeheckt hatten und wogegen die Frauenbewegung angerannt ist, als sie noch nicht mit Gewalt ins Sektenwesen abtauchen wollte.

Nichts hören wollen, nicht richtig hingucken und aufs Denken auch noch verzichten. Hübsches Fundament für einen gestandenen Aberglauben, was?

Glaub jetzt nicht, die Ärmsten brauchten nur mal die Chance zu bekommen, von Frauen geliebt zu werden, damit sie nicht immer so gebannt auf die Meßlatte des Mannes starren müssen. Phryne, viele der Predigerinnen *sind* Lesben! Und da liegt für mich das erste Paradox: *Ich* habe bei Frauen gelernt, daß es eine Wonne ist, wild und gierig zu sein und triebhaft und gewalttätig auch, und daß es Formen wollüstiger Unterwerfung gibt, die Dich genau zur Herrin des Geschehens machen und umgekehrt, und überhaupt bleibt bei wirklich zügelloser Begierde kein Stein auf dem anderen und keine Pore trocken und schon gar kein Sex-Subjekt auf dem Sex-Objekt. Oder?

Vielleicht haben die ja bloß noch nicht die richtige Frau abgekriegt?

Hetzen tun sie, und da fängt es an, direkt politisch zu werden, nicht bloß gegen «den Mann». Sie gehen vor allem rabiat gegen andere Frauen vor. Gegen Frauen, die Lust auf Sex mit Männern haben, solche, die für «Sex» Geld nehmen, weil sie in der Sex-Industrie arbeiten, und sogar gegen andere Lesben, die sich nicht scheuen, sadomasochistische Ausschweifungen zu schätzen. (Es gibt in letzter Zeit eine ganze Menge, die sich dazu bekennen, natürlich wohlweislich nicht mit Namen und Adressen, man weiß ja nie, wen man da zu welchen Mißverständnissen animiert, nicht?)

Kurz und schlecht, wir alle werden denunziert als «Kollaborateurinnen», uns hat «der Mann» das «Gehirn gewaschen», wir leisten direkt Beihilfe zur natürlichen Gewalttätigkeit des Mannes. Indem wir nämlich – halt Dich fest, Süße! – verhindern, daß alle Frauen sich mit dem Pflänzchen Namenlos bescheiden. Sie lieben es nun mal homogen, die Seelchen. Alles Heterogene ist ihnen ein Greuel. Und ich habe den Verdacht, daß sie bloß deswegen Lesben sind, weil das akademisch gesprochen «*Homo*-Sexualität» genannt wird... Zuzutrauen wär's ihnen.

Da wir gerade bei den schwierigen Fremdwörtern sind, Phryne – was Pornographie meint, kann ich Dir auch nicht erklären. Was «graphein» heißt, weißt Du besser, und was eine «porne» ist, ist Dir auch bekannt. Diese Neuschöpfung «Pornographie» ließe sich also als «Hurenschrift» übersetzen. Damit werden Darstellungen aller Art tituliert, die «sexuell reizen». Nun streiten sich allerdings seit Jahrhunderten bereits alle möglichen Würden-(!)Träger darüber, was nun genau wen sexuell reizen könnte und ob das zu verdammen sei oder nicht oder wie oder was.

Erfolglos, natürlich. Nagel mal einen Pudding an die Wand! Ich meine, versuch etwas zu definieren, das von der Vieldeutigkeit lebt. Mach etwas eindeutig, das nur als flüchtiges Element existiert. Das nächste Paradox.

Unsere Lieben Schwestern vom Raren Verstand nun interpretieren: «Huren-Schrift», das könne nur heißen, alle Frauen sollen zu «Huren» gemacht werden. Denn «der Mann», nicht genug damit, daß er uns dauernd erbeutet, er will uns auch alle zu Huren «degradieren»! Ich sag's Dir, meine Teuerste, die können wirklich nicht gucken. Sie haben noch immer nicht mitgekriegt, daß «dem Mann» unserer Tage das Gegenteil viel dringlicher ist, nämlich die Huren zum Gratis-Sex zu degradieren!

Na ja, jedenfalls, mit Huren wollen sie um Himmels willen nicht in einen Topf geworfen werden, unsere Predigerinnen, also leugnen sie sogar der Pornographie noch alles Sexuelle und definieren einfach um: Sie sei schiere Gewalt, indem sie Frauen erniedrige. Punktum. (Macht natürlich auch mehr her in einem Zeitalter, wo selbst Regierungen geradezu vernarrt scheinen in «Terrorismus» und Gewalt...)

«Pornographie ist die Theorie, Vergewaltigung die Praxis», so beten sie wörtlich. «Der Mann» nämlich konsumiere immer mehr Pornos, deshalb gebe es immer mehr Vergewaltigungen.

Klingt griffig, nicht? Nur steht zwar fest, daß die Porno-Industrie boomt, nicht bewiesen ist dagegen, daß es mehr Vergewaltigungen gibt. Es könnte nämlich sein, daß heute mehr vergewaltigte Frauen wagen, die Verbrechen anzuzeigen als früher. Es ist also eine zynische Spekulation, dieses Argument. Und außerdem – ob eine nach dem Konsum von Pornos vergewaltigt wird oder nicht, das spielt für sie keine Rolle. Jede Vergewaltigung, egal aus welchem «Motiv», ist eine zuviel.

Ebensowenig herausfinden läßt sich natürlich, ob die Gewalt gegen Frauen tatsächlich mitsamt den Pornos verschwindet. Das suggerieren die WAPs aber, und so etwas nennt man Augenwischerei. Oder, deutlicher, Verdummung.

Politisch gefährlich, wie alle Demagogie. Und daß Demagogie selten bei rhetorischer Akrobatik stehenbleibt, ist auch keine Neuigkeit. Auch diese Regel der von Männern gemachten Geschichte müssen sie befolgen, die Ritterinnen von der traurigen Gewalt, die sich selbst für die Krönung des Feminismus halten. In New York, zum Beispiel, laden sie Busse voll mit anderen Sauberfrauen, und gemeinsam fahren sie dann zum Times Square und die 42nd Street entlang. Du weißt ja, da arbeiten eine ganze Menge von unseren Kolleginnen. Nein, sie passen nicht etwa auf, daß die nicht von Cops und Kunden schikaniert werden, liebste Phryne. Sie zeigen mit Fingern auf sie! Und vermutlich fahren sie dann hinterher alle ihre moralische Entrüstung bei einem steifen «Pharisäer» feiern...

Wie nennst Du so etwas? Ich schlage «Misopornie» vor. Es ist jedenfalls organisierter Frauenhaß. Da werden in der Tat Frauen zu Objekten erniedrigt, zu Objekten der Verachtung.

Ich will mal das Thema wechseln, aber ich halte Dich natürlich weiter auf dem laufenden über jene Entwicklungen.

Die Arbeit an unserem Buch macht wirklich Spaß. Ich bin jetzt fertig mit dem Abtippen der Gespräche und brüte über dem Kalender unserer «Kampfgeschichte». Ach, Phryne, Du kannst Dir nicht vorstellen, was für ein Geschnatter und Gegacker das war – fünf Kolleginnen aus verschiedenen Ländern und vor allem aus verschiedenen Branchen der Sex-Industrie! Höhenflüge und Abschweifungen und ab und zu ein Schwall dreckigstes Gelächter... Wunderbar!

Ich habe übrigens endlich ein Wort für uns gefunden. Es gibt ja im Deutschen bloß Schimpfwörter, und «Prostituierte» ist zwar am wenigsten verächtlich, aber es klingt ein bißchen kühl und lieblos. Ich sage jetzt «Pr♀stis» – mit dem Venusspiegel als «o». (Den werden sie bestimmt unterschlagen...)

Es klingt freundlich, nicht? Warmherzig.

Hast Du schon gehört, daß sich in Berlin auch eine Gruppe gebildet hat? Sie heißt «Hydra», aber nach dem bißchen, was ich bis jetzt weiß, sind das vor allem Sozialarbeiterinnen, und die wollen ein «Aussteigerinnen-Projekt» machen.

Ach so, von meinem neuen Job wollte ich Dir noch erzählen. Also, das ist ein ziemlich großer bürgerlicher Buchverlag, gilt als «anständige Umgebung», das heißt, da bestimmen Männer, ob es eine Rolle spielt, daß Du eine Frau bist, oder nicht. Das ist ganz spannend für mich, ich komme aus der umgekehrten Erfahrung. Witzig ist auch, wie die Männer sich aufführen. Die wissen natürlich alle, was ich vorher gearbeitet habe. Und pellen sich ein Ei drauf, so oder so. Zum Beispiel der, der mich da hingeholt hat, weil ihm meine Übersetzungsarbeiten gefallen haben (der wäre viel zu geizig dafür, mich woanders kennenzulernen...): Den putzt das ungemein, daß er «eine wie mich» da hinzuholen wagt. Gegen die Spießer. Ich bin der Beweis, daß er *kein* Spießer ist...

Bin gespannt, was das noch für Dramaturgien nach sich zieht. Sehr amüsant.

So, Phryne, jetzt wünsche ich Dir viel Erfolg für den Prozeß. Und falls Du knapp bei Kasse sein solltest – ich fänd's einen Heidenspaß, ein Spendenkonto für Deine Prozeßkosten zu eröffnen!

Die «Phryne Knidia» hängt übrigens über meiner Schreibmaschine. Aber morgen, wenn ich richtig zu arbeiten anfange, muß ich sie abhängen. Sie lenkt meinen Blick immer weg von den Tasten. Von den Händen wollen wir lieber schweigen...

Berlin, Sommer 1981

Liebe Phryne –

Dein Vorschlag, Freudenhäuser von Frauen für Frauen zu bauen, ist köstlich! Obwohl – ich bezweifle, daß die WAPs *da* endlich die Feinheiten des Begehrens lernen würden. Ich vermute, sie und ihre Aktionen sind vor allem von Angst geleitet. Sie haben einfach einen verdammten Schiß – vor Dreck oder was sie dafür halten. Und damit natürlich vor uns.

Angst als Motiv könnte ich immerhin verstehen (Du siehst, ich sperre mich dagegen, Frauen als Frauenhasserinnen akzeptieren zu wollen, wahrscheinlich der pure naive Idealismus) – diese Veränderungen, die die Frauenbewegung ausgelöst hat, die sind ja zumindest für die individuelle Lebensgeschichte ziemliche Erschütterungen. Allein plötzlich im Rampenlicht zu stehen, in der Öffentlichkeit aufzutreten... Der Sprung über die Grenzen führt doch erst mal in ein Neuland, das kein Mensch kennt. Innerhalb der Grenzen wenigstens kennt man sich aus, weiß zu überleben, aber außerhalb?

Angst allerdings ist wohl doch ein schlechter Boden für Politik. Sie neigt dazu, sich selbständig zu machen. Aber wenn man's geschickt anstellt, kann man sie denen aufhalsen, die man für die eigene Linie gewinnen will. Spätestens ab da aber *schürt* man Angst, und über kurz oder lang herrscht die self-fulfilling prophecy. Ein ziemlich widerliches geschlossenes System.

Es ist völlig klar, die WAPs spekulieren auf die Angst aller Frauen vor Vergewaltigung und Unterdrückung. Und sie spekulieren *mit* ihr, und zwar mindestens so zynisch wie ein Börsenmakler mit den mühsam ersparten Kröten kleiner Leute.

Sie erklären «den Mann» zum zwanghaften Gewalttäter, der «der Frau» beständig nach dem Leben trachtet. (Lassen wir mal beiseite, daß «der Mann» ohne «die Frau» kaum lebensfähig wäre – er wird sich also hüten, uns abzuschaffen...) Wenn das stimmt, ist es mindestens unlogisch, daß er für unsere Vernichtung erst noch stimuliert werden muß! Und ausgerechnet durch Texte und Bilder!

(Überall sonst wird die Macht des Wortes und des Bildes immer inbrünstig bestritten.)

Also, entweder ist der Mann das natürliche Böse – dann gehört er ausgerottet.

Oder, er ist böse gemacht worden – dann gehören die Bedingungen geklärt, die ihn böse machen, und schleunigst abgeschafft. Mir fällt sofort das Militär ein – das trainiert Männern Gefühlsroheit an. Da lernen sie Feindseligkeit als Tugend und Vernichtung als Sieg mißverstehen. Und Töten, ohne zu erschrecken. Noch wichtiger finde ich allerdings die allgemeinen Machtverhältnisse. Sie beruhen bekanntlich auf der völlig ungleichen Verteilung der Macht unter den Geschlechtern und unter den sogenannten Rassen. Was macht denn einem Mann Vergewaltigen denkbar? Doch nicht, daß sein Opfer seinen Sex herrlich findet! Sondern daß Frauen ohnmächtiger sind – *politisch* ohnmächtiger, Angehörige des *gesellschaftlich schwachen* Geschlechts. (Unter dieser selben Bedingung konnten auch die hinreichend bekannten KZ-Aufseherinnen ihrer Vernichtungsrage freien Lauf lassen – gegenüber Menschen aus den ohnmächtigeren «Rassen» oder Klassen...)

Warum aber stürzen sich die Predigerinnen statt dessen auf diesen Nebenschauplatz namens Porno-Industrie? Weil sie zu feige sind, frontal gegen «den Mann» anzutreten? Weil sie zu bequem sind, die entscheidenden Wurzeln der Machtverhältnisse anzugreifen? Oder weil sie – ganz tief innen – sich einen Sieg gegen die Macht der Männer gar nicht zutrauen und es lieber bei einem medienträchtigen Scharmützel belassen, in Wirklichkeit aber – relativ unbemerkt – in aller Gnadenlosigkeit gegen bestimmte andere Frauen loszuschlagen? Gegen solche nämlich, die gesellschaftlich noch ohnmächtiger sind...

Ich habe ein bißchen gelesen, was sie so schreiben, Phryne. Und weißt Du, was mir aufgefallen ist? Sie benutzen auffallend häufig Kriegsvokabular. Auch das Wort «Krieg» selbst wird gern verwendet. Es herrsche, so behaupten sie, Krieg von Männern gegen Frauen. Nun gut, wenn man das denkt, dann muß man sich entsprechend verhalten. Auf eine kriegerische Dauerinvasion reagiert man nicht, indem man dem Kriegsgegner die Landserheftchen wegnimmt. Das kratz den kaum. Da wird er höchstens sauer drüber. Und notfalls aggressiver.

Wenn Krieg herrscht, muß man Überleben organisieren. Wenn man einen unerklärten Krieg sichtbar machen will, muß man entweder eine Guerrilla organisieren oder – ihn erklären und die eigene Verteidigung und die Offensiven organisieren. Beide Formen erfordern eine Strategie – eine *Militärstrategie.* Man sollte nicht von Krieg schwafeln und keinen Gedanken darauf verschwenden, was Kriegshandwerk ist. Genau das aber tun sie.

Ich habe den Bericht einer «reuigen Prostituierten» gelesen, die mit fliegenden Fahnen zu den WAPs übergelaufen ist. Sie beschreibt, wie sie mit zwei Kolleginnen und zwei Freiern auf Zimmer war, während unten vor dem Fenster eine Demo gegen Sex-Shops & Co. tobte. Die Freier haben ihre bekannten Drohgebärden gemacht – aber ich male mir mit Grauen aus, was passiert wäre, wenn aus den Drohgebärden Handlungen geworden wären. Es waren drei Frauen in dem Zimmer, aus denen sehr leicht Geiseln hätten werden können...

Wie überhaupt alle Frauen, die in der Sex-Industrie arbeiten, erst recht die in der Porno-Industrie, die sich die WAPs als Hauptangriffsziel gewählt haben, durch diese Kampagne potentielle Geiseln werden.

Und sie behaupten im Ernst, ihre Kampagne habe den Schutz aller Frauen zum Ziel.

Aber vielleicht macht es ihnen einfach nichts aus, wenn bestimmte Frauen draufgehen? Schließlich – das sind ja bloß «Kollaborateurinnen», «Werkzeuge in der Hand der Pornographen»...

Unser Buch, meine Süße, hat sich blendend verkauft. Obwohl es fast überall verrissen wurde. Oder – weil? Übrigens beinah ausschließlich von Frauen. Mein Lieblingsverriß war eine ganze Titelgeschichte, in einer unserer hiesigen Frauenillustrierten, «emma» heißt sie. Ich finde es immer wieder amüsant, wie Leute hinkriegen, Bücher zu besprechen, die sie ganz offensichtlich nicht gelesen haben. Da bleibt ja dann auch der Kopf schön frei für den Geifer, und sie müssen nicht so genau hingucken. («emma» gehört natürlich auch zu den chinesischen Zweidrittel-Affen – nix hören, nix sehen, aber reden ... Sie haben mal vor Jahren einen Prozeß wegen «sexistischer Titelbilder» geführt und als Beweisstück eins angebracht, da war eine schwarze Frau angekettet: «typisch erniedrigend». Nun, Grace Jones *hat* Ketten an den Fußgelenken – ob die irgendwo festgemacht sind, darf bezweifelt werden. Ihre Pose nämlich und ihr Gesichtsausdruck sprechen drastisch dagegen. Ihr Körper hat – noch in der Hocke – die sprungbereite Kraft, die der weiße Kolonialismus zum Beispiel Herero-Kriegern nachsagt, um Angst vorm «Schwarzen Mann» zu schüren. Und in ihrem Gesicht liegt die Verlockung der Sirenen – unterwirf Dich, aber sei sicher, daß Du nicht heil davonkommst ... In der Hand hält sie ein Mikro, eine Parodie auf die phallischen Phantasien des Betrachters ... Man muß schon einen rassismusgetrübten Blick haben, um die Abbildung einer «geschundenen Kreatur» darin zu sehen!)

Zwei Dinge allerdings waren interessant an diesem Verriß. Es scheint der «emma»-Chefin Alice Schwarzer furchtbar zu stinken, daß ihre saubere Frauenbewegung auch mit unserem Geld finanziert wird. Das sei, schäumt sie, «Verhurung der Emanzipation». Klingt gut, was? Ungefähr so entlarvend, als wenn irgendeine weiße Oberfeministin in den USA von «Verniggerung der Women's Lib» reden würde, falls die schwarzen Frauen mal öffentlich erwähnten, daß auch ihr Geld da schon reingeflossen ist ...

Aber daß auch in der Frauenbewegung der Rassismus blüht, ist ja nichts Neues. Sie muß eine Heidenangst vor Huren haben, die Ärmste. Und vor Geld, wie alle typischen Deutschen. Sie findet Anschaffen unzumutbar – na gut, sie braucht's ja nicht zu tun. Aber daß sie sich gleich zur Oberrichterin des Zumutbaren für alle Frauen aufwerfen muß, ist ein bißchen viel Selbstüberschätzung. Also jedenfalls, von Frauen, die diesen «horizontalen Finanzausgleich» in Ordnung finden, «wird lediglich Geld für das eigentlich Unzumutbare gefordert. Geld für Sex wie Geld für Hausarbeit. Wenn's nur bezahlt wird, ist die Welt schon wieder in Ordnung. Die Konsumwelt.»

Ich bin leider immer noch der Meinung, das «eigentlich Unzumutbare» ist, unbezahlt arbeiten zu müssen. Es sei denn, man möchte ein Geschenk machen. Aber in Frau Schwarzers Augen sind wir alle geldgeil – und konsumgeil. Klar, wir laufen ja auch nicht in Sack und Asche rum und bejammern unsere «Würdelosigkeit». Weißt Du, schlimm an dem Geldvorwurf ist, er deckt sich so fatal mit dem antisemitischen Vorurteil. Das macht mich so mißtrauisch.

Ach, es ist alles so vertrackt.

Von «Hydra» kommt auch nix Erfreuliches. Die scheinen wirklich zu glauben, sie müßten Pr♀stis mit ein bißchen flotter Freizeitgestaltung kobern, und dann kommen die alle raus aus dem Job. Kein Wunder, daß kaum welche dazugehören... Keine Spur von Organisation für die Interessen von Pr♀stis.

Mein ach so anständiger Job wackelt auch. Mein Gönner geizt. Vielleicht nimmt er doch übel, daß ich ihm von mir nicht mehr gönne als das, wofür ich mein Gehalt kriege?

Pruste nicht so laut, es *gibt* solche!

Ich tröste mich mit gutem Sex. Nein, nicht dem Gegenstück zum bösen! Bist Du wahnsinnig. Ich meine, mit richtig gutem. Im üblichen Sinne des Wortes.

Hättest Du mir das zugetraut, Süße? Daß mir noch mal 'n Kerl passiert, auf meine alten Tage? Hähä.

<u>Berlin, Herbst 1982</u>

Liebe Phryne –

also, Du bist ein Aas! Ob das der berühmte «Richtige» ist? Das weiß ich doch nicht, zumal ich an so was sowieso nicht glaube. Im Augenblick ist er offenbar ganz richtig. Immer noch. Außerdem verschafft er mir finanziellen Windschatten, damit ich mir eine Existenz im freien Schreibwarenhandel aufbauen kann. Geizig ist er nicht, jedenfalls nicht da, und daß ich nicht zu kaufen bin, scheint ihn auch nicht zu stören. Reicht das für Dein Lästermaul?

Das, was ich Dir zuletzt geschrieben habe, über strategisches Denken und Handeln, das geht ja noch weiter.

Mir kommt der Zeitpunkt bedeutsam vor, an dem die da in den USA plötzlich rausgekommen sind mit ihrem Heiligen Krieg gegen die Pornoindustrie. Nämlich genau ein paar Jahre, nachdem es so etwas wie den Aufbruch einer veritablen Prostituiertenbewegung gab. In diesem Ausmaß und so über alle möglichen Grenzen hinweg hatten wir das noch nicht, oder? Wir hatten einen richtigen Generalstreik, 1975, in Frankreich, erinnerst Du Dich?

Was da entstanden ist, überhaupt, daß «der Abschaum» sich in der Öffentlichkeit zeigt und selber redet und stolz ist und damit das ganze Gequassel von der «Würdederfrau» aus den Angeln hebt und das Huren-Stigma ad absurdum führt – das nehmen sie uns übel. Nicht die Männer, soweit sind wir noch nicht. Aber die sauberen Feministinnen haben wir offenbar ziemlich in die Bredouille gebracht damit.

Es hat sie so kirre gemacht, daß sie ihre eigenen früheren Überzeugungen verraten. Die sexuelle Selbstbestimmung, das heißt die Zurückweisung aller Versuche seitens des «Patriarchats» (so hieß das damals!), Frauen in Definitionen einzusperren, war ein Kernstück der Frauenbewegung. Das war auch unmittelbar bedeutsam, nicht nur für die Lesben. Und ausgerechnet von denen fangen jetzt welche an, ihrerseits zu definieren, was erlaubt sein soll und was «pervers» ist...

Und ich bin mir immer noch nicht sicher – sind die so dumm, daß sie es nicht begreifen, oder nehmen sie «billigend in Kauf», daß ihre Kampagne eine direkte Bedrohung für viele Frauen darstellt?

Guck mal, sie spalten die Frauen in «gute» und «böse». Die «Bösen» sind alle, die in der Sexindustrie arbeiten. Die spalten sie aber nun noch mal wieder, indem sie besonders die Pornoindustrie ins Visier nehmen. Der soll ans Leder gegangen werden. Im Klartext heißt das Kriminalisierung. Das bedeutet, sie wird in den Untergrund gedrängt. Und da soll sie auch hin, nach Ansicht der Integralshüterinnen des Reinheitsgebots. Nur – genau da, im kriminalisierten Untergrund sind die dort arbeitenden Frauen bedrohbarer und bedrohter.

Das kennen wir doch aus der ganzen unseligen Sperrgebietspolitik. Da, wo Sperrgebietsverordnungen gegen Prostis benutzt werden, da werden sie ins Getto gedrängt. In diesem Getto blüht nicht bloß die Spekulation mit den Mieten, da ist es nicht bloß sauteuer für die Frauen, sondern da ist überhaupt erst der Boden für Zuhälterei aller Art. Da kann sie sich ereignen, die immer so gern gegen die Frauen zitierte «Verflechtung mit dem kriminellen Milieu»! Der kontrollierte Untergrund (und von wem der kontrolliert wird, wissen wir zur Genüge) öffnet erst die schlimmsten Möglichkeiten für Ausbeutung. Ganz zu schweigen von Gewalt.

Genau das droht den Porno-Arbeiterinnen, wenn die Porno-Industrie ins Dunkle wandert. Genau das – und keine von diesen feministischen Schiitinnen wird da ein schützendes Händchen hinhalten. Sie kriegen es ja nicht einmal mit, sie wollen es nicht einmal sehen oder hören. Sie wollen glauben können, die Welt sei sauber, nur weil sie keine Porno-Kino-Reklame mehr sehen müssen. Der Anblick eines Porno-Plakats, ja, der verletzt ihre Würde. Ob der Preis für dessen Verschwinden ein paar Frauen sind, die über die Klinge springen – was soll's. Hauptsache, *sie* sehen's nicht...

Überhaupt, «Würde». Wie dieses Wort verhunzt wird, macht mich stutzig. Würde wird beliebig verteilt, zum Beispiel Prostituierte haben eigentlich keine, sondern müssen sie sich erst erobern. So jedenfalls sieht das jene Frau Schwarzer von der «emma». Das ist an sich schon eine Frechheit, aber es kommt noch dicker. Prostituierte nämlich erobern sich laut Frau Schwarzer ihre Würde dadurch, daß sie Zuhälter anzeigen und Prozesse gegen sie führen. Na gut, von mir aus. Ich finde zwar, es gibt Wichtigeres zu tun, als uns einzeln an ein paar einzelnen Arschlöchern abzuarbeiten, aber bitte.

Bloß, was machen alle die von unseren Kolleginnen – und das sind bei weitem die meisten! –, die keinen solchen Würdenträger mit feministischen Gütesiegel haben, den sie vor Gericht zerren könnten? Sollen die sich jetzt erst mal ein paar Jahre lang einen Luden züchten, bloß damit sie die Chance haben, irgendwann mal an Frau Schwarzers «Würde» zu kommen?

Ich persönlich ziehe sowieso das Wort «Ehre» vor, aber der Witz ist doch, solange die Nicht-Huren nicht davon ausgehen, daß Huren genauso würdevoll sind wie sie selbst, solange kann «der Mann» alle Frauen erpressen mit dem Etikett «Würde». Und das ist nun wirklich eine ganz einfache Wahrheit!

Soviel für diesmal, liebste Gefährtin. Ach, halt – daß Hetaira Gefährtin heißt, war mir neu. (Schöne Bezeichnung!) Und daß Porne identisch ist mit «Götzendienerei» auch. Jetzt wird mir klar, was Dein Ex-Freier da im Sinn hatte, als er Dich wegen «Gottlosigkeit» verklagte. Er wollte Dich als «billige Hure» denunzieren. Na, hoffentlich hast Du kluge Richter, meine Teuerste. Die wissen, daß vor einer Porne immer ein Pornos kommt... Heh – kannst Du den Spieß nicht umdrehen? Ihn als Pornos enttarnen? Oder gleich als Götzen, dem Du hättest dienen sollen, was Du aber verweigert hast?

Na, Dir wird schon was einfallen, Du weißt ja die Waffen einer Frau geschickt zu führen und Deine Intelligenz und Deine körperlichen Reize strategisch einzusetzen. Viel Glück, Schönste. Und – fällt Dir nicht ein, wie Du Dein Knowhow der heutigen Frauenbewegung nahebringen könntest?

New York, Herbst 1983

Liebe Phryne –

ich bin geflüchtet – diese Politik der Panik, die unsere Politiker unter dem Stichwort «Pershing» inszenieren, hat mich derart gelähmt, daß ich raus mußte, irgendwohin, wo dieses Thema zumindest nicht der Schlager in allen Medien ist.

Seit ich hier bin, zusammen mit einer Freundin übrigens, deren Schwester hier wohnt, habe ich wenigstens keine Migräne mehr gehabt. Dafür bekam ich die Porno-Panikmache in Reinkultur. Ich habe mit Frauen gesprochen, die diese Times Square-Busfahrten mitgekriegt haben – der Horror! Diese WAPs und ihre Anhängerinnen haben die Prostis beschimpft und scheinen sich im übrigen bestens mit der Immobilien- und Stadtverwaltungsbagage zu verstehen, die auch gern den Times Square «säubern» würde.

Ich habe auch eine Lesbe kennengelernt, die die New Yorker L-S / M-Gruppe «Divine Decadence» mitgegründet hat. Ich nenne sie mal Bonnie, man weiß ja nie, wer das hier so alles liest. Sie hat mir erzählt, wie aggressiv die WAPs gegen die S / M-Frauen vorgehen. Sie schrecken auch nicht davor zurück, sie zu denunzieren! Sie veröffentlichen Namen von ihnen! In den USA, wo vielerorts noch immer schlichte Homosexualität als «Sodomie» kriminalisiert wird! Es ist nicht zu fassen.

Das mögen, quantitativ gesehen, Einzelhandlungen sein. Aber sie haben System und sind Teil eines Systems. Die WAPs haben sich nämlich inzwischen voll auf die gesetzgeberische Ebene geworfen. Sie haben einen Gesetzesvorschlag präsentiert und den Kampf für so ein Gesetz als das zentrale Anliegen der gesamten Frauenbewegung überhaupt ausgegeben. Wer gegen dieses Gesetz ist, gilt ihnen schlicht als Pornograph und jedenfalls als jemand, der / die Gewalt gegen Frauen befürwortet. Es ist derselbe Totalitarismus, den wir schon aus den Kampagnen der Abtreibungsgegner kennen: Wer nicht für harte Gesetze gegen Abtreibung ist, ist für die Tötung ungeborenen Lebens...

Wieder so ein Paradox – warum merken die nicht, wem sie in die Falle gehen? Was für unheilige Allianzen animieren sie da? Sind sie so naiv zu glauben, diese falschen Freunde aus den notorisch frauenfeindlichen Etagen der Gesellschaft ließen sich so locker als nützliche Idioten für die Frauenbewegung benutzen? Was, wenn sie statt dessen selbst als nützliche Idiotinnen funktionieren? Haben wir schon irgendwo erlebt, daß die Männer freiwillig ihre Macht den Interessen von Frauen zur Verfügung stellen?

Oder finden sie eine Allianz mit den notorischen Gegnern aller Arten von Freiheit gar nicht so unheilig? Weniger unheilig, zum

Beispiel, als die Allianz mit diskriminierten, stigmatisierten und um ihre Rechte kämpfenden Schwestern aus der Sex-Industrie?

Die Prosti-Bewegung ist ja auch auf der Ebene von Gesetzgebung aktiv – allerdings im Sinne der *Abschaffung von Gesetzen.* Aus der traurigen Erkenntnis heraus, daß in einem von Männerinteressen dominierten Justizapparat das einzige Gesetz zum Thema Sexualpolitik, das nicht in erster Linie gegen Frauen benutzt wird, *kein* Gesetz ist!

Wenn eine Bewegung jedoch als vornehmstes Ziel neue Verbotsgesetze ausgibt, erklärt sie ihren eigenen Bankrott. Sie erklärt das Terrain der Politik zum Brachland und verlagert die existentiellen Interessen von Frauen zurück in die Enge juristischer Rahmen, in den Sandkasten, in dem ein paar Runden Schattenboxen und Scheingefechte erlaubt sind. Welch ein Verzicht!

Aber noch etwas an dem Gesetzesvorschlag ist paradox, liebste Gefährtin. Die WAPs predigen ja nun seit Jahren, daß Pornographie entscheidender Teil der Gewalt gegen Frauen sei. Aber verfolgen wollen sie sie nur zivilrechtlich! Also, entweder ich gehe von der Gewalttätigkeit aus – dann muß ich darauf bestehen, daß sie *strafrechtlich* verfolgt wird. Gewalt ist verbrecherisch, und Verbrechen gehören ins Strafrecht, nicht ins Zivilrecht. Die Verfasserinnen des Gesetzesvorschlags jedoch formulieren ausdrücklich: «Strafrechtliche Sanktionen dürfen nicht verhängt werden.» Beharren aber in ihren Stellungnahmen auf immer größeren Vokabeln. Pornographie sei «ein Instrument des sexuellen Faschismus», behaupten sie und wähnen sich «in den letzten Tagen von Weimar».

Nun gut, das genaue Studium der europäischen Geschichte ist vielleicht nicht die Stärke weißer amerikanischer Predigerinnen. Aber daß sie sich von vorherein damit zufriedengeben wollen, ein paar Dollar Schadenersatz von ein paar Porno-Firmen zu bekommen, das macht mich irgendwie stutzig.

Die Porno-Industrie ist ein kleiner, aber äußerst lukrativer Zweig der gesamten Sex-Industrie. Letztere ist eine bedeutende Lieferantin von Dienstleistungen und Produkten, die die Funktion haben, gesellschaftliche Befriedungsventile zu schaffen. Deshalb ist sie eine staatlich erwünschte und durchaus geförderte Industrie und kann Riesenumsätze machen. Aus ihr bezieht der Staat auch immense Steuermengen – nicht zuletzt von all den Zulieferindustrien, ohne die die Sex-Industrie nicht auskäme. Getränke-, Bekleidungs-, Kosmetikfirmen, Friseure, Hersteller von Präservativen, Autos... Die Sex-Industrie ernährt aber auch eine große Menge Frauen (deren Zahl nie genau feststellbar sein wird, weil ein Großteil der Sex-Industrie über relativ unkontrollierbares «freies Unternehmertum» abgewickelt wird; in einiger «Anarchie» also) und die von ihnen finanziell Abbhängigen, vor allem Kinder.

Die Sparte Porno-Industrie heute mit Schadenersatzansprüchen zu bedrohen, ist so sinnvoll wie einen Tiger in seinem Dschungel mittels einer Stricknadel zu attackieren. Falls er es überhaupt merkt, reizt es ihn höchstens zum Gegenangriff. Und der trifft alles, was in seiner greifbaren Nähe ist. Im «Dschungel» Sex-Industrie sind das die Porno-Arbeiterinnen. Es ist also eine Strategie, die diejenigen, die angeblich geschützt werden sollen, direkt ausliefert. Eine mörderische Strategie. Kalt, herzlos und menschenverachtend wie die einer anderen selbsternannten Elite namens RAF.

Und wieder – von verantwortlichem strategischem Denken keine Spur. Man hat, wenn man an einem solchen Nebenschauplatz angreift, sofort den Staat gegen sich, der sich zumindest mal dafür interessiert, daß ihm die Steuereinnahmen nicht entgehen. Genau das täten sie, falls die Porno-Industrie in den Untergrund ginge.

Etwas ganz anderes wäre zum Beispiel eine Gesetzesänderung (lassen wir mal beiseite, ob sie durchsetzbar wäre), die den Staat zwingt, jeder Frau, die Opfer einer Vergewaltigung geworden ist, automatisch Schadenersatz und Schmerzensgeld zu zahlen. Unabhängig von der Finanzlage der Täter. Es könnte funktionieren wie die Zahlung von Geldern an alleinerziehende Mütter, wenn der Vater nicht willens ist. Da müssen die Behörden dann auch zusehen, das Geld von jenem Herrn wieder reinzuholen. Wäre das geltendes Recht bei Vergewaltigung – dann wäre der Staat, der ungern Geld rausrückt für das soziale Wohl, genötigt, Vergewaltiger zu finden und tatsächlich gegen Vergewaltigung aktiv zu werden. Der

Kampf gegen Gewalt gegen Frauen wäre – über den Hebel des Geldes – ganz pragmatisch gesehen auch in seinem Interesse.

Es gab diese Überlegungen mal, und es gab auch Frauen, die daraus eine Kampagne entwickelt haben. Sie hat seltsamerweise nie Interesse bei den feministischen Mittelschichten erregt. Sie wurde totgeschwiegen. Sie kam aus einer Ecke von Frauen, die Geld in allen möglichen Bereichen des Frauenlebens für den Angelpunkt der Machtverhältnisse halten. Damals war das verpönt. «Sollen wir uns unsere Entwürdigung vielleicht auch noch bezahlen lassen!»

Mit anderen Worten: «Sollen wir etwa alle Huren werden!»

Ich erinnere mich auch noch, wie eine Freundin und ich vor ein paar Jahren die Idee hatten, man könnte alle die, die ihre Profite mit dem Sex von Frauen machen (all die Playboys und Luis und Hustlers und all die Werbefirmen und Hersteller von Produkten, die «an den Mann» gebracht werden sollen), zur Kasse bitten. Sie müßten eine Art Zehnten zahlen, eine Steuer, regelmäßig und je nach Benutzung, Auflagenstärke usw. Diese ziemlich interessanten Beträge würden an die Frauenbewegung abgeführt, steuerfrei, und die käme damit endlich auch an ein anständiges Geld-Fundament, um ihre Aktivitäten finanzieren zu können.

Das hätte die Chance gehabt, daß die Profiteure von unserem Sex angefangen hätten zu sparen bei der Benutzung von Frauenbildern.

Leider scheiterte unsere praktische Idee daran, daß die Frauenbewegung kein vereinsartiges Unternehmen mit einer regulären Bankverbindung war. Aber vielleicht ist das sogar ganz gut so.

Tja, und plötzlich kommen die, für die das Geld immer unwichtig oder gar «igitt!» war, und fordern Geld.

Ich würde gern einen Sektkorken knallen lassen und «Herzlichen Glückwunsch, Schwestern!» jubeln. Aber es ist die falsche Forderung an der falschen Stelle. Nichts gegen Schadenersatz – aber der Preis, falls dieses Gesetz durchkäme, was ich bezweifle, ist entschieden zu hoch.

Was macht Dein Prozeß!

Berlin, Sommer 1985

Liebe Phryne –

schöne Sachen sind inzwischen passiert. Wir hatten den ersten «Welthuren-Kongreß» in Amsterdam und den zweiten «Nationalen Kongreß» der italienischen Pr♀stis in Treviso. Zehn Jahre nach dem Generalstreik sind wir eigentlich schon ganz schön weit, meine Teuerste! Es gibt ein internationales Netzwerk von Pr♀sti-Organisationen, das International Committee for Prostitutes Rights (ICPR), und eine richtige Charta. Ich schicke sie Dir. Vielleicht möchten Deine Richter sich ein bißchen weiterbilden?

Auch Hydra ist aus der Versenkung aufgetaucht, stell Dir vor! Sie hat sich gemausert zu einem wirklichen Selbsthilfe-Projekt von und für Pr♀stis. Wunderbar. Und in ein paar anderen westdeutschen Städten gibt es ähnliche, und einen ersten «nationalen» Kongreß soll es auch geben. Na also. Sie bewegt sich doch, die Frauenwelt. Allerdings die an den Rand gedrängte – die Mitte dagegen, also die Frauen, die mit Feminismus wohl in erster Linie Karriere machen möchten, scheint sich in der Talsohle zu aalen.

Dieser *mainstream*-Feminismus hat wirklich allmählich etwas direkt Staatstragendes. Ich halte ihn für die Sozialdemokratisierung der Frauenbewegung, denn ähnlich wie die Sozialdemokratie historisch immer die Mittelschichten der Arbeiterbewegung repräsentiert und die radikaleren Teile isoliert und bekämpft hat, so versteht sich auch der herrschende Feminismus als integrative Instanz für die institutionalisierbaren gemäßigten Teile der Frauenbewegung. «emma» ist eine Art Zentralorgan, und jene Frau Schwarzer geniert sich nicht, sich als Personifizierung von allem zu stilisieren, was eine ganze Bewegung seit Jahren gemacht hat. Sie hält sich allen Ernstes für die Abtreibungskampagne selbst. Es ist zum Kreischen – na ja, so komisch, wie Personenkult eben notgedrungen ist.

Du hast recht, Phryne. Eine ganz entscheidende Krux dieser Anti-Pornographie-Kampagne und erst recht dieser gesetzgeberischen Perspektive liegt darin, daß sie Frauen als eindeutige Opfer festlegt. Die Vermählung mit dem Opferstatus ist natürlich eine politische Selbstmord-Erklärung. Und der Vorschlag, mit Gesetzen, und dann noch mit zivilrechtlichen, gegen Symptome vorzugehen (gegen eine bestimmte Ausdrucksform gewalttätiger Machtverhältnisse), anstatt mit allen politischen Mitteln gegen die Wurzeln dieser Verhältnisse, ist eine politische Kapitulation. Es ist wie ein Kommuniqué: «Wir planen die Niederlage.»

Die Anti-Porno-Predigerinnen erklären zum Beispiel Sex genau in diesem manichäischen Dualismus: Männer sind Täter, und zwar schlimme, also ist er für Frauen schädlich, sind Frauen Opfer.

Folglich kommen Frauen bzw. das, was «eigentlich» ihr Sex ist (der ja auch nicht Sex genannt wird), in der ganzen Pornographie nicht vor. Das ist glatt gelogen. Nicht nur, daß ich jede Menge Frauen kenne, die sich ganz gern anmachen lassen vom Anblick anderer Frauen, die sich als sexy inszenieren – mich eingeschlossen! –, es gibt Pornos von Frauen. Und zwar scharfe! Und welche, die das Gegenteil vom sanftfürsorglichen, weichgezeichneten Pflänzchen Rühr-mich-nicht-an sind. Die mit Gewalt und deren Symbolen spielen...

Ja, in denen sind Frauen zum Beispiel angekettet, da wird ihnen etwas angetan, und da genießen sie genau das. Pfui, was? Sie sind den WAPs natürlich ein Greuel, also sind die Macherinnen solcher Pornos natürlich die allerschlimmsten Kollaborateurinnen... Böse, böse.

Und nun brüsten sie sich zwar immer wieder damit, wie viele gewalttätige Pornos von Männern für Männer sie sich haben ansehen müssen, aber daß die wirklich guten S/M-Pornos von Frauen so inszeniert sind, daß sie kaum einen Mann aufgeilen könnten, das bemerken sie nicht. Und von Menschen, die derart ungenau mit Bildern umgehen, soll ich mir vorschreiben lassen, wie ich Bilder zu verstehen habe?

Alle Pornos seien gewalttätig, indem sie Frauen erniedrigen, sagen sie. Zitieren tun sie aber stets die – in der Tat ekelhaften – Pornos, in denen Frauen mit Messern, Nadeln und sonstwas verletzt werden, und diese «Snuff»-Filme, in denen Morde abgefilmt werden, die tatsächlich auch vollzogen wurden. Du kannst mir glauben, angesichts solcher Produkte geht mir auch die Galle über, bekomme ich meinerseits Mordphantasien. Da steigt Rachelust auf, Foltergelüste, weißglühende Wut. Heimzahlen muß man's diesen Verbrechern, jede einzelne Wunde, Fessel um Fessel, Schnitt um Schnitt.

Aber eine überlaufende Galle ist keine politische Perspektive. Außerdem – erstens sind solche Pornos strafgesetzlich verboten. Hierzulande. Die *werden* illegal gemacht und vertrieben. Aber kein § 131 und kein § 184 hat verhindern können, daß sie gemacht und vertrieben werden.

(Wir haben auch Gesetze, die Vergewaltigung, Mord, Steuerbetrug, alles mögliche verbieten. Und es wird weiter vergewaltigt, gemordet, betrogen. Wir hatten Zeiten, in denen Abtreibung noch viel repressiver behandelt wurde – es hat die Frauen und die entsprechenden Männer nicht daran gehindert...)

Und zweitens sind die Gewaltpornos nur ein geringer Teil der gesamten Porno-Produktion.

Aber das menschliche Hirn neigt wohl dazu, Dinge, die es in einem Moment wahrnimmt, linear und grenzenlos zu verlängern; da ähnelt es dem Begehren. Erst die nächste Wahrnehmung, die in derselben Heftigkeit dagegen spricht, kann den Kurs verändern – und den wiederum genauso linear projizieren. Und so weiter. Das ist wohl die physiologische Grundlage dafür, daß so etwas wie totalitäres Denken überhaupt möglich ist. Aber das menschliche Hirn kennt auch Gegengifte – Erfahrung, Denken, Erinnerung.

Ich kann mir schon vorstellen, daß Du – wenn Du Dich über einen langen Zeitraum nur noch mit Gewaltpornos vollstopfst wie ein paar der WAPs, die stolz davon berichten – der Neigung zur Totalisierung erliegst. Zumal, wenn Du das Konsumieren ausschließlich zur Bestätigung dessen betreibst, was Du ohnehin zu wissen glaubst.

Das totalitäre Denken, das dabei herauskommt, braucht aber Verlängerung von außen. Du erkennst Dich als Opfer wieder, Du setzt Dich als Opfer in Szene, entwickelst ein totales Paria-Bewußtsein, aber da Dir das kein *unabhängiges* Gefühl für Deinen eigenen Wert einbringt, mußt Du Dich zwangsläufig gleichzeitig und ebenso totalitär als Elite in Szene setzen.

Totalitäres Denken führt notgedrungen dazu, Inszenierungen nicht als Inszenierungen begreifen zu können, als Taktiken zum Beispiel, sondern es zwingt Dich dazu, sie mit der Realität zu verwechseln. Du mußt alles blutig ernst meinen, und das erzeugt – neben der drastischen Beschränkung Deiner Mittel – auch zum Beispiel diese unerträglich selbstgerechte, weihevolle Predigtrhetorik. So könnte das zusammenhängen, was ich von Anfang an als Sekten-Stil gespürt habe.

Daß Du auch Täterin bist – wie behindert und eingeschränkt auch immer –, das verlierst Du sehr früh schon aus den Augen, und so kannst Du ungetrübt von irgendwelchen Skrupeln oder Zweifeln tatsächlich schreckliche Taten planen, provozieren und ausführen. Deshalb vielleicht fällt den WAP-Gurus nie auf, wie sehr sie anderen Frauen Gewalt antun oder sie der Gewalt aussetzen?

Ich bin mir überhaupt nicht mehr sicher, wie sich gegen diese Art Totalitarismus ankämpfen ließe. Ich habe an der Stelle wenig Zutrauen zu den guten alten Mitteln der Aufklärung. Sie haben sich zu oft als nicht mächtig genug erwiesen. Ich möchte gern auf die «normative Kraft des Faktischen» bauen können – zum Beispiel, einfach optimistisch denken: Je stärker die Prosti-Bewegung wird, je öffentlicher die S / M-Lesben und alle anderen, die auch keinen feministisch verordneten Einheitssex wollen, sich artikulieren, desto ungünstiger wird das Klima für diese Art «Diktatur des Feminariats».

Andererseits kann ich mir nicht vorstellen, daß der Gesetzesvorschlag tatsächlich Erfolg haben wird.

So, liebste Phryne, ich gestehe Dir jetzt noch, daß ich Dir mit Absicht Berichte über AIDS vorenthalten habe. Ich kann ja schließlich nicht über alles schreiben. Und bis zu meinem letzten Brief war es tatsächlich so, wie ich geahnt hatte. Die Medien haben es zwar ungeheuer breitgetreten, aber nur auf eine Weise: Als Vorwand für eine unglaubliche Demagogie gegen Schwule. Weißt Du, heutzutage werden homosexuelle Männer mit einem Stigma behaftet, das sehr ähnlich dem Huren-Stigma funktioniert. Und einige Jahre lang schien AIDS «nur» eine «Schwulen-Seuche» (schönes Wort, nicht? Dabei ist es nicht mal eine wirkliche Seuche! Aber da nehmen es selbst die pingeligsten Wissenschaftler nicht so genau...) zu sein, aber inzwischen ist klar, daß auch unsereine sich anstecken kann. Also, was kommt als nächste Medienwelle? Das Kesseltreiben auf die Pr♀stis. Wart's ab.

Du kannst Dich darauf verlassen, daß ich das im Auge behalte und Dir davon berichte. Ich ahne, da tun sich völlig neue Dimensionen für unheilige Allianzen zwischen Sauberfrauen und Saubermännern auf. Bis jetzt jedenfalls hat noch keine feministische Fraktion sich in irgendeiner Weise dagegen verwahrt, das Pr♀stis mit Hilfe von AIDS diskriminiert werden...

Berlin, Herbst 1986

Liebe Phryne –

ich habe mich entschlossen, meine Einzelkämpferinnen-Arena zu verlassen und mindestens in Sachen Politikmachen der Organisierung eine Chance zu geben, häha. Ich gehöre nunmehr auch zu den Hydras! Der zweite Welthuren-Kongreß neulich in Brüssel hat's möglich gemacht...

Nein, im Ernst, sie gefallen mir. Und es macht Spaß. Es ist natürlich auch eine ungemeine Erleichterung, auf diese Weise endlich den Status des «Exotikums» loszuwerden, den ich immer hatte, weil ich die einzige identifizierbare (Ex-)Hure bin.

Brüssel war ein voller Erfolg – 150 Pr♀stis im Europa-Parlament! Stell Dir das mal vor – aus aller Welt lauter verschiedenste Frauen, und die sitzen auf den Rängen, auf denen normalerweise die feineren Freierkreise Platz nehmen, und benutzen deren Einrichtungen...

Einen Zwischenfall gab es – zur Pressekonferenz erschienen

zwei, drei italienische Feministinnen, die schon vorher immer vor dem Parlamentsgebäude patrouilliert hatten, mit Transparanten, auf denen sie verkündeten, Freier gebe es nicht, das seien alles Vergewaltiger. Im Saal dann schmissen sie uns ein paar Münzen vor die Füße und fingen an, uns anzupöbeln. Wir haben sie rausgeschmissen. Sie haben gekreischt, sie würden vergewaltigt! So inflationär kann man umgehen mit Begriffen...

Der WAP-Gesetzesentwurf ist in den USA vom Obersten Gericht als verfassungswidrig abgelehnt worden. Phryne, Du könntest recht behalten mit Deiner Prophezeiung, daß sie jetzt nach Europa ausweichen werden mit ihrer Kampagne. Dafür wäre natürlich Westdeutschland das geeignetste Pflaster. Hier finden sich noch immer die treuesten Vasallinnen. Andererseits, daß sich Frau Schwarzer – denn so eine Kampagne hier könnte eigentlich nur über «emma» laufen – dazu bereit findet, ihren monolithischen Moralismus in Sachen Geld aufzugeben, kann ich mir kaum vorstellen. Ihr muß doch Schadenersatz vorkommen wie «Geld für das eigentlich Unzumutbare». Obwohl – opportunistisch genug umzuschwenken ist sie. Sie könnte mit dem «Verursacher-Prinzip» argumentieren, das sich zumindest rhetorisch in Sachen Umweltschutz durchgesetzt hat... Abwarten. Die Akrobatik verspräche dann, erheiternd zu werden.

Was Du an dem Stichwort «erniedrigend» nicht verstehst, Phryne, das verstehe ich auch nicht. Sie sagen, Frauen als Sex-Objekte darzustellen, sei erniedrigend per se. Es gebe Frauen das Image der Verfügbarkeit, also der Schwäche. Es bilde Opfersein ab und fordere damit direkt Gewalt heraus.

Selbst wenn man das mal als richtig annimmt (was es nicht ist, denn Bilder sind selten eindeutig): Warum um des Himmels willen ist eine nackte oder sonstwie sexy gestylte Frau, die zu Lüsternheit einlädt, eine Erniedrigung aller Frauen, Krystle Carrington zum Beispiel aber nicht, obwohl sie Woche für Woche das demütige Weibchen spielt, das auch noch Spaß an seiner dämlichen Position hat?

Erniedrigend ist doch die Darstellung von Frauen nicht, weil

«Sex» im Spiel ist? Was ist das für eine Mystifizierung von Sex? Jede Abbildung macht die Abgebildeten zu Objekten. «Du sollst Dir kein Bildnis machen...» wird auch immer mal wieder gern dekretiert. Und das galt vormals nicht nur für erotische oder sexuelle Darstellungen.

Aber wir alle machen uns ständig Bilder. Wir beziehen sogar einen großen Teil unseres sinnlichen Lebens aus abgebildeten Bildern. Stellen wir uns vor, es gäbe keine Illustrierten, kein Kino, kein Fernsehen. Oder nur noch solche, die garantiert «saubere Bilder» zeigen – was immer das sein mag! Wir wären alle schlagartig frustriert, beraubt unserer ständigen unmerklichen (nämlich uneinund zugestandenen) kleinen Erregungen.

Wir hätten keine Mode mehr, denn gerade die spielt ein ständiges anarchisches Spiel mit den unbegrenzten Möglichkeiten von Frauen, sich zu inszenieren, zu gestalten, Rahmen zu übertreten, Bilder von sich zu machen. Und damit – auch – sich selbst zum Objekt des erotischen Blicks...

All das sind doch immer auch Gegenbewegungen gegen Erniedrigung.

Aber wenn man gegen die Erniedrigung, die sich auf Bildern präsentiert, angeht – darf man dann außer Acht lassen, daß jede Abbildung von verzweifelten, weinenden, geschundenen Frauen in Gefahr ist, als Einladung zur Gewalt mißverstanden zu werden? Bilder von Erdbeben-*Opfern*, Kriegsbilder. Ich kenne zwei Pressefotos, die ich als extrem obszön empfinde und von denen ich dennoch nicht möchte, daß sie verboten werden. Beide sind weltberühmt. Das eine zeigt ein kleines vietnamesisches Mädchen, das schreiend und verbrannt nackt auf die Kamera zuläuft; das andere einen kleinen Jungen, der mit erhobenen Händen aus einer brennenden Häuserzeile kommt, an seiner Brust der bekannte gelbe Stern mit der schwarzen Aufschrift...

Sobald wir unseren Schmerz oder jedwede Art von Schwäche publizieren, abbilden, beschreiben, riskieren wir, daß sie als Einladung zur Gewalt mißbraucht werden. Und auch das Gegenteil ist wahr – sobald wir, das ohnmächtigere Geschlecht, uns als Heldinnen oder Siegerinnen darstellen, riskieren wir, Aggressionen auszulösen.

Das ist ein grundsätzliches Dilemma, direkte Folge der Machtverhältnisse; aber wir kommen aus ihm nicht heraus, indem wir ausgerechnet die als sexuell reizvoll gedachten Darstellungen zum Kern des Dilemmas erklären und isoliert dagegen angehen.

Aber jetzt mal was anderes, meine Süße. Ist denn dieser lächerliche Prozeß von Dir immer noch nicht zu Ende? Das dauert ja ewig! Das geht doch jetzt neun Jahre, nicht? Mußt Du denn in Athen bleiben? Kannst Du nicht einfach zurückgehen nach Böotien – ich meine, Theben ist doch auch nicht gerade ein Provinznest! Also, irgendwie solltest Du langsam mal Deine Mitarbeit bei dieser Operette aufkündigen. Ich bekomme allmählich den Verdacht, die ziehen den Prozeß bloß in die Länge, damit sie möglichst oft Deinen kostbaren Anblick genießen können! Häng da mal 'n Preisschild dran, meine Teuerste, oder komm vermummt. Nee, lieber nicht, dafür rächen sie sich womöglich. Also, ich weiß auch nicht.

Berlin, Winter 1987

Phryne, Du Goldschatz!

Also, das ist wirklich das Schärfste, was ich je gehört habe! Die haben Dich freigesprochen, weil sie so überwältigt waren von Deinen wunderschönen Brüsten? Ich halt's nicht aus! Das muß man weitersagen! Bloß weil Du Dir die Klamotten vom Leib gerissen hast, haben die gleich alles dahinfahren lassen! Ich brech zusammen – das ist der Hit!

Herzlichen Glückwunsch, meine Süßeste! Und herzlichen Glückwunsch auch zu Deinen Prognosen. Wir haben nämlich in der Tat hier jetzt auch so eine Anti-Porno-Kampagne. In der Hauptrolle selbstverständlich «emma». Und Frau Schwarzer redet auch schon so weihevoll-blutigernst. Früher hat sie wenigstens noch gekeift, jetzt trägt sie immer eine eichene Kanzel auf der Zunge. Zu komisch.

Das Ganze ist – wie vorhergesehen – der schlichte Import. Ich habe diese Dreimonatsspritze «emma» (Oktober bis Dezember) durchgelesen, mit der wir alle immunisiert werden sollen gegen den «schmutzigen Sex». Lauter WAP-Texte und ein paar selber recherchierte. In denen nehmen sie gleich gar kein Blatt mehr vor ihren rassistischen Mund; da wimmelt es von ermordeten Pr♀stis und Porno-Darstellerinnen, deren Wohnungen dreckig und überdies von Männern bevölkert sind, und eine ist ganz schlimm, die produziert selber Pornos und ist stinkreich dabei geworden und gibt der sauberen Journalistin kein Interview! Na, so was! (Interessanterweise hat bei Hydra keine «emma» angerufen – obwohl sie doch so dringend «Kontakt zur Szene» gesucht haben...)

Und weißt Du, wie der eine Artikel endet? «Als ich endlich wieder zu Hause bin, wasche ich mir meine Hände, ziehe meine Sachen aus, stecke sie in eine Plastiktüte und die wieder in eine andere Plastiktüte; ich bade, wasche meine Haare, seife meine Schuhe und meine Handtasche ab, werfe den Kugelschreiber weg, den ich aus Versehen in (einer) Wohnung eingesteckt habe, und trinke drei Schnäpse hintereinander. Mir war noch nie so übel.»

Mir ist noch übler geworden, als ich «emmas» Aufruf zur Lynchjustiz gelesen habe. Wir sollen den Pornographen eine «kleben», heißt es da. Das soll ein Wortwitz sein – sie haben Aufkleber beigefügt, auf denen steht PorNO! Die sind nicht etwa grellrot oder schreiendgrün oder in sonstwelchen besonders gut sichtbaren Farben. Nein, sie sind ausgerechnet schwarz-gelb. Ein gelbes Wort auf schwarzem Untergrund.

Eine kleben... Und «energisch wehren» sollen wir uns: «gegen alle Männer *(und die paar Frauen)*, die Pornographie herstellen, verbreiten und *konsumieren.*» Und in unsere «Zweierbeziehungen» sollen wir auf «pornofreiem Terrain» bestehen.

Gruselig, diese Sprache, nicht? Ich kann einem «pornofreien Terrain» nicht mehr abgewinnen als einem «judenfreien Berlin». Ich mag mir auch nicht ausmalen, wie Anti-Porno-Kommandos, mit teutonisch-selbstherrlicher Inbrunst, Frauen verprügeln, die irgend etwas mit Pornographie zu tun haben (wollen).

Noch etwas gibt mir zu denken, Phryne. Diese ganze «emma»-Kampagne hat etwas Aufgesetztes. Sie tun so, als wäre ihnen das Thema Gewalt schon seit Jahr und Tag furchtbar wichtig – nur, wir haben hier seit Jahr und Tag eine ziemlich wichtige Gewalt-Debatte. Wir haben einen § 131, der die Verherrlichung oder Verharmlosung von grausamen oder sonst unmenschlichen Gewalttätigkeiten unter Strafe stellt. Wir haben außerdem einen heftig umstrittenen, weil auf politische Gegner zugeschnittenen § 130a (Strafgesetzbuch, natürlich), der Publikationen mit Strafe bedroht, die unter anderem zu folgenden Straftaten *anregen*: Totschlag, Mord, Völkermord, Störung des öffentlichen Friedens, Verbrechen gegen die persönliche Freiheit usw.

Zur Zeit arbeiten bestimmte politische Kreise an einer Verschärfung des § 130a. Sie hätten gern auch Publikationen verboten, die derlei Straftaten gar nicht unbedingt befürworten, sondern einfach bloß so «mißverstanden» werden können.

Warum hat sich auf dieser gesetzgeberischen Ebene keine eingeklinkt? Aus Angst, daß dann unübersehrbar deutlich wird, wie ähnlich sich gewisse reaktionäre Kreise und gewisse feministische Kreise in ihrer repressiven Mentalität sind? Diese Paragraphen sind sehr umstritten – zu Recht. Sie bedeuten entscheidende Einschränkungen von demokratischen Freiheiten, aber wollen die «emmas» die Freiheiten der Pornoindustrie nicht gern einschränken?

Warum verzichten sie auf diese strafgesetzlichen Möglichkeiten und übernehmen das Zivilrechtsmodell aus den USA?

Die eine mögliche Antwort ist: Billigimporte machen nicht soviel Arbeit wie die gründliche Analyse der eigenen politischen Verhältnisse und die Entwicklung einer eigenen Perspektive. (Zumal die badengegangene US-Kampagne ja ein paar der Predigerinnen freigesetzt hat, die sich gut als Reisekader eignen...)

Die zweite mögliche Antwort ist: «emma» interessiert sich gar nicht so sehr dafür, daß Pornographie (und damit ihrer Logik nach Gewalt gegen Frauen) wirklich bekämpft wird, sondern organisiert unter dem Etikett einer medienträchtigen «Anti-Porno-Kampagne» bloß die Erschließung neuer Anhängerinnen-Schichten, die gegen «emmas» Variante der Emanzipation bislang resistent geblieben sind. Die ganze zahlreiche «Mittelschicht», die ein bißchen Karriere gemacht hat und in ein paar kleinere Machtbereiche vorgedrungen ist. Die von den Verschiebungen, die die Frauenbewegung (auch ohne ihr Zutun) in Gang gesetzt hat, profitieren konnte. Die gern betont, es spiele gar keine Rolle, ob jemand eine Frau ist oder ein Mann. «Darüber sind wir doch längst hinaus ...»

Frauen, die dennoch nicht aus der Gefahr heraus sind, vergewaltigt zu werden. Die dieselbe Heidenangst davor haben wie alle anderen – ganz tief unten, abgedrängt in irrationale Tiefen.

«emma» legitimiert ihre Zivilrechtskampagne damit, daß keins der vorhandenen Gesetze *frauenspezifisch* sei. Phryne, ich bin sehr sicher, daß genau das gut ist. «Sondergesetze» gehen leicht nach hinten los. Aber abgesehen davon: Frauen, die systematisch alles «Frauenspezifische», das angst macht, verdrängen, lassen sich vielleicht gerade mit einer Kampagne für ein Sondergesetz ködern, die in sich so unlogisch und widersprüchlich ist, daß sie aller Irrationalität entgegenkommt. Das klingt paradox, aber die Anti-Porno-Kampagne, die wir hier jetzt auch haben, spekuliert genau so mit der (begründeten, aber aus Gründen des Selbstschutzes häufig verdrängten) Angst. Und sie muß sie deshalb schüren.

Man kann es auch andersherum sagen: Sie spekuliert mit dem Bedürfnis nach Sicherheit, und zwar zynisch, denn sie propagiert gebetsmühlenartig, daß die alltägliche, grausame Gewalt gegen Frauen dadurch abzuschaffen oder auch nur zu verringern sei, daß Frauen gegen pornographische Darstellungen auf Schadenersatz und Unterlassung klagen können.

Vielleicht, Phryne, haben wir es inzwischen nicht mehr mit der Sozialdemokratisierung der Frauenbewegung zu tun; vielleicht ist diese jüngste Entwicklung des Feminismus in Wirklichkeit bereits die CSUisierung der Frauenfrage?

«Pornographie ist die Theorie, Vergewaltigung die Praxis.» Auch diesen Slogan haben sie importiert, und es scheint ihnen nicht aufzufallen, daß er derselben demagogischen Logik gehorcht wie das (unausgesprochene) Motto unserer Mitte-Rechts-Politiker:

«Demonstrationsrecht ist die Theorie, Polizistenmord die Praxis» ...

Ich versuche, das weiter zu verfolgen. Im Augenblick haben wir allerdings eine ganze Menge anderer Dinge im Auge zu behalten: Die zweite, die staatliche Front gegen Pr♀stis (ach – hübsch ist, sogar «emma» hat den Begriff «Pr♀stis» übernommen...) fängt an, sich zu regen. Wie vorherzusehen: mit Hilfe von AIDS. Wir haben alle Hände voll zu tun, nicht nur, uns und die Kolleginnen überhaupt vor neuer Diskriminierung zu schützen, sondern vor Berufsverbot, Zwangsmaßnahmen und – Ansteckung. Wir sind sehr gespannt, ob sich diesmal endlich Feministinnen auf unsere Seite schlagen.

Das wäre eine Premiere und könnte mit einer Orgie gefeiert werden.

Literaturliste

Ann Snitow / Christine Stansell / Sharon Thompson (Hg.): DIE POLITIK DES BEGEHRENS – Sexualität, Pornographie und neuer Puritanismus in den USA, Rotbuch-Verlag, Berlin 1985

Gail Pheterson: THE WHORE STIGMA – Female Dishonor and Male Unworthiness, Inquiry sponsored by the Dutch Ministry of Social Affairs and Employment, Emancipation Policy Coordination, Amsterdam 1986 (ISBN 90 363 9592 5 CIP)

Simon Watney: POLICING DESIRE – Pornography, AIDS, and the Media, Methuen, London 1987

Pieke Biermann: WIR SIND FRAUEN WIE ANDERE AUCH! – Prostituierte und ihre Kämpfe, Rowohlt Verlag, Reinbek 1980ff. (rororo 7645)

Barbara / Christine de Coninck: DIE GETEILTE FRAU-Verlag Gudula Lorez, Berlin 1980

Hydra-Nachtexpress – Zeitung für Bar, Bordell und Bordstein; hg. von HYDRA e. V., zu beziehen über HYDRA e. V., Kantstr. 54, 1000 Berlin 12 (erscheint jährlich seit 1981)

Hydra: BERUF: HURE. Bericht des Prostituiertenprojekts Hydra, Galgenberg-Verlag, Hamburg 1988

Zu den Autoren

Baerbel Becker, geb. 1950 in Köln, lebt als freie Autorin in Berlin, u. a. Mitherausgeberin von «Die geheimen Verführerinnen – Frauen in der Werbung» (1986) und «Unbekannte Wesen – Frauen in 60er Jahren» (1987).

Pieke Biermann, geb. 1950 n. Chr., aktiv im freien Handel mit Schreib-Waren sowie (seit dem «Jahr der Frau») in der Prosti-Bewegung. Lebt in West-Berlin.

Sarah Claassen* lebt in Berlin und arbeitet dort seit zwei Jahren (wieder) als Prostituierte.
Vor 31 Jahren wurde sie geboren, damit mal eine fleißige Arbeiterin oder brave Ehefrau (oder auch beides) aus ihr werden sollte. Ziemlich schnell wurde ihr klar, daß solch ein Dasein nichts mit der Realität zu tun hatte. Katholisch ER-zogen, wollte sie nicht auf das Paradies im Jenseits warten, sondern wollte es gleich, und zwar auf Erden. Anfangs stolperte sie noch über den Stumpfsinn dieser Gesellschaft, doch mittlerweile hat sie das Hürden-Springen gelernt. Sie lacht über die, die sie als «Theoretikerin des Müßiggangs» sehen wollen, da die ganze menschliche Entwicklung doch darauf hinausläuft, die Arbeit abzuschaffen. Sie weiß, daß das Anschaffen gehen genauso überflüssig ist, wie z. B. Miete zu zahlen – und doch hängt beides miteinander zusammen... und so denkt sie sich: «Wir müssen jetzt mal anfangen, das Anschaffen abzuschaffen – wer macht mit?» Um dieser Frage näher zu kommen, initiierte sie zusammen mit anderen Sexarbeiterinnen den Verein «Nutten und Nüttchen».

Andrea Dworkin, 42, ist in den USA eine der bekanntesten Feministinnen. Veröffentlichungen (u. a.): «Woman Hatin» (1974), «Right-Wing Women» (1978), «Pornography» (1979), «The New Women's Broken Heart» (1980), «Ice & Fire» (1986). Auf deutsch erschienen: «Pornogra-

* Der Name wird von der Autorin selbst permanent geändert (dies ist in dem Gewerbe so üblich).

phie» (1987). Andrea Dworkin hat zusammen mit der Juristin A. McKinnon ein Gesetz gegen Pornographie entworfen.

Matthias Frings lebt als freier Autor in Berlin. Letzte Veröffentlichung «Liebesdinge – Bemerkungen zur Sexualität des Mannes», «AIDS – Dimensionen einer Krankheit» und «Ein Bild vom Mann».

Elmar Kraushaar, Jahrgang 1950, lebt in Berlin, *taz*-Redakteur. Diverse Veröffentlichungen.

Sonia Mikich, geb. 1951 in Oxford, lebt als Fernsehjournalistin in Köln, Herausgeberin des Simone de Beauvoir-Lesebuchs «Der Wille zum Glück» (Reinbek 1986), Beiträge für diverse Anthologien und freie Autorin der Zeitschrift «Emma».

Marcia Pally lebt als freie Autorin in New York. Sie arbeitet hauptsächlich zum Themenkomplex Film, Kunst und Frauen und schreibt u. a. für «The Nation», «Village Voice» und die «New York Times».

Phryne, geb. ca. 380 v. Chr. in Böotien, seit 371 in Athen. Eine der berühmtesten Hetären, begabt mit außerordentlicher Schönheit und einem geistvollen Wesen. Einer ihrer Freier, der Bildhauer Praxiteles, ehrte sie mit mindestens drei Statuen; ein anderer führte zwischen 350 und 340 einen Prozeß wegen Gottlosigkeit gegen sie. Verteidigen ließ sie sich von einem weiteren Freier, dem Redner Hypereides. Auf dem Höhepunkt seines Plädoyers zerriß sie ihre Kleider und entblößte ihre Brüste. Geblendet von ihrer Schönheit sprachen die Richter sie frei.

Nachdem Alexander der Große 335 die böotische Hauptstadt Theben zerstört hatte, wurde Phryne gefragt, ob sie sie wiederaufbauen könnte. Sie erklärte sich einverstanden – falls auf der Mauer folgende Inschrift angebracht würde: «Von Alexander dem Großen zerstört, wieder errichtet von Phryne der Hetäre.»

Volker Elis Pilgrim, geb. 1942 in Wiesbaden, aufgewachsen in der Mark Brandenburg, Schule im Süden von Berlin (DDR), Studium in der BRD: Jura, Psychologie, Soziologie, Musik und Film in Göttingen, Frankfurt, Wiesbaden und München. 1968 juristisches Staatsexamen, 1970 Dissertation über den Rechtsschutz der angewandten Kunst. Seit 1970 Schriftsteller. Buchveröffentlichungen: Manifest für den freien Mann [Teil I: 1977 und Teil II: 1983] (rororo mann 8220), Der selbstbefriedigte Mensch (rororo mann 8217), Der Untergang des Mannes (rororo mann

8214), Dressur zum Bösen (rororo mann 8201), Elternaustreibung (rororo mann 8205), Muttersöhne (Claassen).

Sybil Schlepegrell, geborene **Gräfin Schönfeldt**, Jahrgang 1927, lebt in Hamburg. Sie studierte Germanistik, Kunstgeschichte und Englisch in Göttingen, Hamburg und Wien und schrieb eine Dissertation «über Formproleme in der Lyrik Josef Weinhebers». Sie wurde Redakteurin und arbeitet seit der Geburt ihrer Söhne als freie Journalistin, Schriftstellerin und Übersetzerin für Zeitungen, Zeitschriften, Buchverlage, Funk und Fernsehen. Jüngste Buchveröffentlichungen: «Gewußt wie!» Foto-Sachbuch (1986), «Literaturbox» Anthologie (1986), Dahl: «Hexen hexen» Übersetzung (1985).

Sarah Whiteside ist Prostituierte und Stripteasetänzerin in den USA. Der Text wurde vom U.S. Prostitutes Collective veröffentlicht und erschien im Winter 1986/87 in der Berliner Prostituiertenzeitschrift *Hydra-Nacht-Express* Übersetzung: Helga Bilitewski.

Helmut Ziegler, geb. 1958 in Hamburg, lebt dort als Redakteur eines Fernsehsenders. Diverse Veröffentlichungen in Zeitschriften, Ausstellungskatalogen und Anthologien.